高速解讀凱爾特十字牌陣

凱爾特十字大辭典

楓樹林

CONTENTS

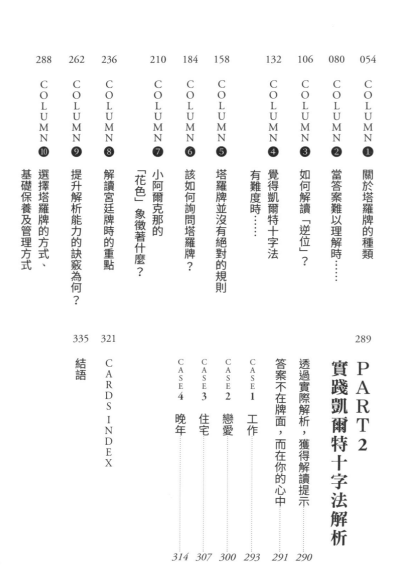

前言

鏡龍司

最為著名的牌陣：凱爾特十字法

自從塔羅牌蔚為風潮，已經過了相當長一段時間。說起「卡牌占卜」，在我孩提時代仍以撲克牌占卜為主流，如今則以塔羅牌或神諭卡為大宗了吧。

而且不僅是塔羅牌的存在本身，就連具體的占卜方式，似乎都已經深入大眾之間了。

我曾遇過當說出塔羅牌一詞時，看似無法與占卜聯想在一起的商業人士竟說出：「哦，那非常準確，但相當難懂吧？意義會因為翻出的牌面朝上或朝下而改變」，令我大吃一驚。

沒錯，想必各位也曾聽聞塔羅牌占卜的技法「逆位」一詞吧（儘管我幾乎不使用逆位，參照「COLUMN ❸」）！

除了逆位之外，還有一項因為過於「理所當然」而難以意識到，卻很重要的塔

羅牌占卜方法學。

那就是「牌陣」（展開法），也就是洗牌及排列！而其中最為有名的牌陣，就是「凱爾特十字法」，幾乎所有塔羅牌占卜入門書都會介紹其使用方式，似乎也大受職業占卜師的歡迎。實際上，只要熟練其使用方式，沒有比這更方便的牌陣了。另一方面，由於使用的塔羅牌張數為十張，相對較多，而容易令初學者留下「困難」的印象，這也是事實。

因此，才會有這本書的誕生。我試著網羅使用凱爾特十字法時的牌面涵義，寫成一部類似辭典的書籍，只要將這本書放在手邊，應該能成為掌握凱爾特十字法的捷徑。

塔羅牌占卜為「牌面涵義」與「位置涵義」的組合

或許不需再次強調，現代塔羅牌占卜的解釋，基本上是從兩大要素推導出來。首先是每一張塔羅牌具備的「涵義」。比如說，如果是「死神」牌，就意謂著「事物的結束與再生」；若是「愚者」牌則意謂著「無限可能性，但尚未成形」。

塔羅牌十五是世紀於義大利發明的，一開始並非用於占卜，而是遊戲用卡牌，每一張牌並不具備占卜上的意義。然而，用於其王牌的寓意畫，則選用了自希臘、羅馬以來，歷史傳統悠久的圖像，刺激著眾人的想像力。於十八世紀末之後，塔羅牌開始與神祕學、魔術結社相關形象強烈結合，甚至被密教、魔術結社相關人士賦予神祕學相關涵義，因此奠定了二十世紀後半之後，「現代」塔羅牌占卜涵義的基礎。（※1）

而另一個要素則是「牌陣」中的「位置」。塔羅牌洗牌完成後，會按照一定的步驟將牌以面朝下的狀態排列在桌上，接著再翻至正面。這時的「排列方式」就是「牌陣」，從最為簡單的只抽單張牌，到歷經複數階段工程，極為複雜的作法為止，種類繁多。此外，由於各個塔羅牌解讀者還有屬於自己的原創牌陣，種類堪稱數不勝數。（※2）

不過，在排列塔羅牌時，事先決定好「這張牌代表商量者的現況」、「代表對方的狀態」等「位置」涵義，這點是牌陣的常規。

比如說，即使同樣是「死神」牌，如果落在「商量者的現況」，「某種事物結束或開始」代表的就是商量者本身的現況；而如果落在顯示「對方的狀況」的位置，該命運的狀況則成了對方的狀態。

沒錯，追根究柢，塔羅牌占卜其實正是將牌陣的「位置涵義」及「牌面涵義」組合並解讀的行為。更大膽一點說，塔羅牌占卜＝牌陣。

照理來說，解讀牌陣需要拓展意象並檢視整體，但當你還是初學者時，應該會仔細地組合「位置涵義」及「牌面涵義」來解讀吧，因此本書就製作成網羅了所有排列組合方式的辭典形式。

而本書所使用的牌陣，正是塔羅牌的方法中最為有名且流行的「凱爾特十字法」。

〈凱爾特十字法牌陣〉

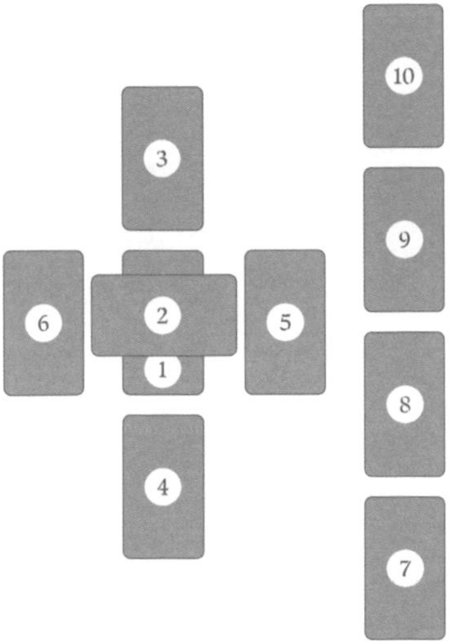

凱爾特十字法的歷史

幾乎所有的塔羅牌占卜入門書中，都會收錄「凱爾特十字法」牌陣，使用者眾多，實際上，我也十分喜歡使用。

只要嘗試使用過，就能明白這是個設計得很好的占卜法。

根據過去的書籍或網路文章，凱爾特十字法是「許久以前就開始使用」的牌陣，也有不少說法認為是「古代凱爾特民族（歐洲原住民族）使用過的牌陣」。

但這是錯誤的，實際上，根據推測，凱爾特十字法有可能是距今約一百年前於英國發明的牌陣。

這個牌陣一開始是於亞瑟・愛德華・偉特（Arthur Edward Waite）的著作中問世的。偉特在一九〇九～一九一〇年間出版的《*The Key to the Tarot*》（即為日後改訂而成的《*The Pictorial Key to the Tarot*》）中，刊載了這個牌陣。這本書正是將現在全世界最受歡迎且廣受喜愛的「萊德・偉特・史密斯塔羅」推廣出去的功臣。

根據此書介紹，此牌陣「適用於回答特定問題」，且是「英格蘭、蘇格蘭、愛爾蘭曾經使用」的牌陣。

接著，請仔細看看在此書中冠上的名稱。

書中寫的是「an Ancient Celtic Method of Divination」（古代凱爾特的占卜法）。

看懂了嗎？這裡寫的是「Ancient Celtic Method」，而不是「Ancient Celtic Cross Method」！

這個牌陣最初問世時，名稱並不是「凱爾特十字法」，僅是常於「英格蘭、蘇格蘭、愛爾蘭」使用的凱爾特風格牌陣。換言之，並沒有「十字」！

而於英語圈內大幅推廣塔羅牌的伊登・格雷（Eden Gray），其著作《*The Complete Guide to the Tarot*》（1970）中又是如何說明的呢？

這本書有日語翻譯版，然而在翻譯版中則成了「古代凱爾特十字法」。

不過，在原作中……寫的則是「The Ancient Keltic Method」！換言之，翻譯版或許是受到十分流行的「凱爾特十字法」這種先入為主的觀念影響，才會在名稱中放入「十字」也說不定。

那麼偉特是這個占卜法的發明人嗎？

可能性雖然並不是零，但恐怕並不是他。藉由英國的塔羅大師牌馬庫斯・卡茨（Marcus Katz）竭盡全力搜尋，發現了一號名為F・L・加德納（Gardner）的人物的筆記，這個人曾是偉特隸屬的英國魔法結社「黃金黎明協會」的成員。在這本筆記上記載著名為「吉普賽占斷法」的占卜法，與現今的凱爾特十字法幾乎相同。（※3）

這個占卜法是將塔羅牌排成十字形，旁邊再排列四張牌的形式，與現今的「凱爾特十字法」極為相似，唯一的相異之處，是縱向排列的牌並非擺在十字牌右側，而是左側。究竟哪一種占卜法較為古老，還有待今後調查。此外，另一項需要關注的點在於，筆記中記載的名稱並非「凱爾特」，而是「吉普賽占斷法」。名稱既不是「十字」，亦不是「凱爾特」！

魔法結社「黃金黎明協會」的「官方」牌陣為「解鎖法」（Opening the key）。這是一種極為複雜的占卜法，（※4）若要正確使用此牌陣占卜，需花上好幾個小時，實在不適合「平時使用」。

因此，或許是這位加德納或是其他會員，設計出這款更為簡便的牌陣，在協會中使用。而偉特極有可能是趁著當時「凱爾特復興」的機運，替這個牌陣取名為「凱爾特」，並寫進書裡的。

因此，凱爾特十字法的歷史完全沒必要追溯到「古代」。

此外，凱爾特十字法的排列順序及位置涵義因人而異，但沒有正確答案。這本書採用了最為標準的版本之一，但只要習慣了使用方式，各位或許也能自行下工夫，構思專屬於自己的位置涵義或排列順序。

「凱爾特十字」的原始意義

雖然剝下了凱爾特十字法具備的神祕形象，但這個牌陣「設計精良」且能「派上用場」是無庸置疑的。既然受到眾多塔羅大師喜愛，就代表它有著相應的實用性。我認為祕密就藏在這「看似圓形的十字」與「縱向直線」的圖形上。

十字（以圓形包圍的十字）在榮格心理學中稱作「曼陀羅原型」。這被視為內心試圖恢復平衡時，自然表現出來的象徵。

從代表現況的十字部分，可以俯瞰過去、現在、未來、自身根基等「現在」，並冷靜下來檢視其中顯示的各種狀況。

然而，單靠如此的曼陀羅結構，缺乏為了活力充沛地活在三次元的當下所需的「流勢」。在我看來，首先是透過這十字部分檢視自己（商量者），接著再透過縱向排列於右側的塔羅牌，檢視從十字放射而出，構築起今後發展的能量流勢。

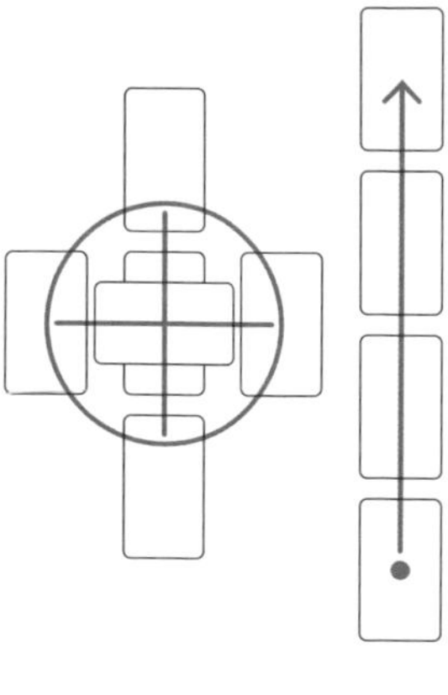

倘若我說凱爾特十字法中蘊含著現在（構築起現在）的能量模式，與從中放射、流洩而出的能量流勢對比，是否比較容易理解呢？

接下來，就來將這款知名牌陣融會貫通吧！這麼一來，你也能成為職業級占卜師！

※1　關於塔羅牌的歷史，請參照鏡龍司《塔羅牌的祕密》（講談社）。

※2　關於塔羅牌的各種牌陣，請參照鏡龍司《塔羅占卜超上手圖解攻略》（PCuSER 電腦人文化）、伊泉龍一《完全精通塔羅牌占卜術大全》（說話社）等。

※3　請參照鏡龍司擔任責任編輯的 Eureka 臨時增刊號《塔羅牌的世界》（青土社）中收錄的，馬庫斯・卡茨作，松田和也譯《釐清凱爾特十字牌陣》（暫譯）。

※4　關於解鎖法，請參照伊斯瑞・瑞格德作《黃金黎明魔法全書》（暫譯）（國書刊行會）。

追根究柢，為什麼是「凱爾特」？

這個被稱作「凱爾特十字法」、「古代凱爾特法」的牌陣，最早似乎稱作「吉普賽占斷法」。至少在從十九世紀末期至二十世紀初期的英國魔法結社「黃金黎明協會」中，留有併用「吉普賽」這個名稱的痕跡。

那麼，為什麼會以「凱爾特」這個名稱取而代之呢？這點可推測是受到自十九世紀末期起的凱爾特復興運動影響。

凱爾特人被視為歐洲原住民族。據山內淳先生所言，「印歐語系的其中一支——凱爾特人於西元前十世紀前後出現在歐洲大陸中央附近，並於西元前八世紀後開始使用鐵器，繁榮興盛」，其看法與現在考古學界一致（※5）。然而，原本盛極一時的凱爾特人，後來卻因羅馬帝國的壓倒性力量及日耳曼人的入侵，而從歷史舞臺上消失了蹤影。

而且，由於凱爾特人沒有文字，難以得知其實際情況。關於凱爾特人的古記錄，是由「敵方」羅馬人所撰寫，因此自然存在嚴重偏見。古代凱爾特人的形象，總之就是既野蠻而粗暴，還會將人類作為活祭品。

然而隨著進入近代，人們投射在「凱爾特人」身上的形象有了重大的改變。尤其是在進入十九世紀後，為了再次確立自身的根源，而利用了羅馬之前的凱爾特形象。凱爾特人從粗暴野蠻人的形象，搖身一變成了勇敢且高雅的戰士，並進一步確立了其形象：「具備對幽玄世界之細膩感性的高貴民族」。「黃金黎明協會」的高階會員W．B．葉慈（Yeats），也是凱爾特復興運動的核心人物之一。

研究葉慈的英文學家尾島庄太郎博士，曾如此描述凱爾特人：

「他們是愛著朦朧月光，擁有精靈般內心的種族，對於妖精所棲息的陰影深海心懷幻想般熱情的人。」

此外，他還引用了法蘭西斯．格里爾森（Francis Grierson）的話語如此描述：

「凱爾特人以某種神祕性觀念面對自然。當凱爾特人的內心完全處於創造性狀態時，就會變得與自然完全一致。僅具備日常意識的普通人雖然能明白自然之美，卻鮮少受到自然事物的靈魂深處所吸引。……然而凱爾特人在每一天、每個月、每個季節，除了能感受到每個時刻肉眼可見的氛圍，亦能察覺其靈魂深處。」

由於十九世紀末～二十世紀初期，出現了如此「靈性」的凱爾特人觀點，也影響了二十世紀後半的愛爾蘭歌手恩雅（Enya）的音樂等。以恩雅為代表的幻想風格「凱爾特音樂」，其靈感就源自於此。

如此神祕的凱爾特人形象，對於醞釀出塔羅牌占卜的氛圍帶來很大的貢獻。而「凱爾特十字」這個名稱也因此作為牌陣名稱固定了下來。

我認為還有另一個名為「凱爾特十字」的特殊十字也發揮了重要的作用。凱爾特十字具備「作為古代異教與中世紀之後，將基督教之靈性加以整合的象徵」這樣的形象。身為歐洲原住民族的凱爾特人，自然生活在基督教之前的「異教」文化之中，然而隨著強大的羅馬將基督教定為國教，使得基督教於整個歐洲普及。基督教作為「文明」的象徵，而古老異教則成為「野蠻」的代名詞。

在這之中，愛爾蘭是殘留了強烈凱爾特文化色彩的土地之一。當聖派翠克（St. Patrick）將基督教帶到愛爾蘭後，此一羅馬教義在愛爾蘭與凱爾特文化之間產生了不可思議的融合——名為凱爾特基督教，具備獨特美感的修道院文化一直延續到九世紀左右。《凱爾斯書》等充滿「凱爾特」螺旋紋的精美福音書抄本，正是其象徵性的存在。（※6）

在愛爾蘭的各處，如今仍矗立著石製的圓環十字架——沒錯，正是凱爾特十字。關於這將圓環與基督教十字架相結合的象徵，一說是單純藉此補強十字架，也有一說是象徵太陽。無論如何，這獨特的「凱爾特十字」，就像是異教與基督教相結合的象徵。

據說亞瑟王或聖杯均為異教與基督教融合而成所產生的結果，而我認為「凱爾特十字」這種象徵性的存在，或許也擄獲了支持塔羅牌占卜至今，追求著古老而嶄新靈性之人的心。

※5　請參照小辻梅子、山內淳《兩種凱爾特》（暫譯）（世界思想社）。

※6　請參照鶴岡真弓、松村一男《圖說凱爾特歷史》（暫譯）（河出書房新社）。

PART 1

凱爾特十字法大辭典

在使用凱爾特十字法占卜前……

接下來，就從實踐角度來檢視凱爾特十字法牌陣。在此會先簡單地向初學者說明如何使用塔羅牌占卜。

首先，你得準備一副塔羅牌才能開始。塔羅牌由二十二張大阿爾克那牌及五十六張小阿爾克那牌所組成。

大阿爾克那牌分別擁有「愚者」、「戀人」、「惡魔」、「月亮」等名稱，以及從0到21（亦有從1到22的情況）的編號，每一張牌都含有各自的象徵性涵義。

而小阿爾克那牌則分成「權杖」、「聖杯」、「寶劍」、「錢幣」四種花色，每個牌組並各自擁有從一到十的十張數字牌，以及侍者、騎士、王后、國王這四張人物牌，共計十四張牌。

一想到「必須記住七十八張牌全部的牌義」，或許會令人感到不安。不過請放心，只要將這本書放在身旁，就能馬上獲得答案。在查詢一張張抽出的牌的過程中，應該就會自然而然地記住牌義。

在實際占卜時，會有以下三個步驟：

①洗牌（使塔羅牌隨機混合）
②切牌（將塔羅牌分開疊好）
③牌陣（排列塔羅牌展開陣型）

下一段會介紹占卜前的①洗牌、②切牌與③牌陣的具體作法。話雖如此，這些步驟都沒有嚴格的規則，請試著想出專屬於你自己的作法，或最能協助你專注的方法。

至於③牌陣，也就是塔羅牌的排列方式，除了本書介紹的「凱爾特十字法」，還有排列三張牌的「時間之流」、排成六芒星形狀的「六芒星」等各種種類。最近也有許多人設計出原創牌陣，變化版本也大幅增加。

所謂的牌陣，大多是整體模仿了某種象徵性的形狀，但排列其中的每一張牌的位置，也都被賦予了相應的涵義。

塔羅牌解析 基本步驟

追溯歷史，塔羅牌原本是一種遊戲。
作為占卜工具的歷史其實時日尚淺，並沒有「非得這麼做不可」的絕對性規則。
最為理想的情況，是發展出專屬於自己的風格。
但如果還是初學者，則先按照已經形成既定流程的方式比較好。

以下是將塔羅牌展開成牌陣為止的步驟：

在占卜之前……

首先，在桌上準備好足以展開塔羅牌的空間。
可事先將桌面擦拭乾淨，避免弄髒塔羅牌。
若是依個人喜好鋪上桌巾，或許能提升專注力或想像力。
接著，將塔羅牌以正面朝下的狀態擺上。

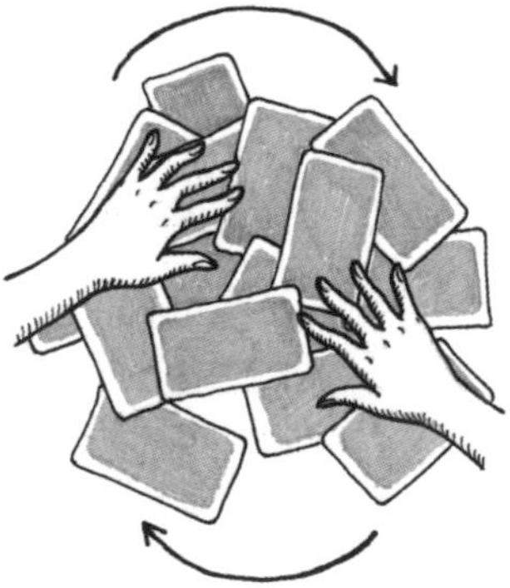

1. 洗牌

所謂的「洗牌」，是將整疊塔羅牌推開來以雙手攪動。
將所有塔羅牌正面朝下，在桌面上推開來並緩緩攪動吧！
同時，請在心裡想著想要占卜的內容。

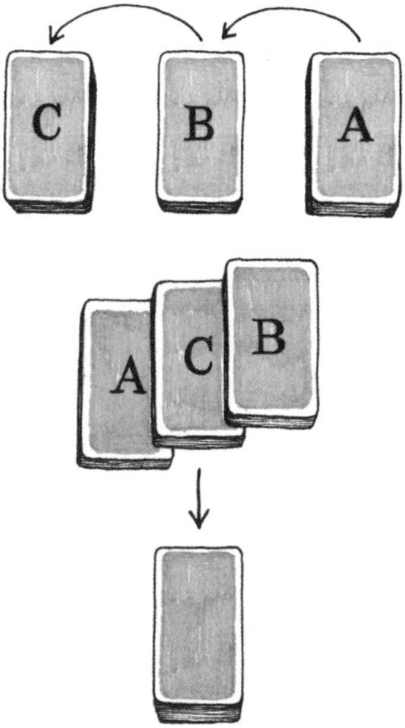

2. 切牌

將塔羅牌攪動到覺得「這樣就行了」之後，將牌整理成一整疊。這時依然維持正面朝下的狀態。像這樣整理成一疊的牌，便稱作「牌堆」。
以目測方式，將牌堆分成三份。如果是獨自占卜，當然會由自己進行，若有占卜對象在，則可以請對方協助這個步驟。
這個步驟稱作「切牌」。
接著，請再將塔羅牌以跟一開始不同的順序重新整理成一疊。

3. 牌陣

請從整理成一疊的牌堆取出塔羅牌排列。
所謂的「牌陣」，是以特定方式排列塔羅牌。
在本書中，會將十張牌以「凱爾特十字法牌陣」的形式展開。排列塔羅牌時，基本上會從牌堆上方依序取牌，不過你也可以依照喜好，從牌堆中隨機抽出牌來。
將塔羅牌展開成牌陣時，可以一開始就將所有牌翻開來（正面朝上），也能先維持原本正面朝下的狀態，再一張張翻開來依序解讀。
不過，最重要的還是最後得檢視牌陣所有的牌，掌握從整個牌陣感受到的印象。

凱爾特十字法的10個位置

以凱爾特十字法來說，會排列十張牌，並依位置不同代表各自的涵義。根據書籍及塔羅占卜師的不同，有著各式各樣的方式，因此並沒有何者對錯的問題。本書刊載的是基本的模式，你也可以依自己的風格調整。

以下是凱爾特十字法的排列方式。由於必須一口氣排列許多張牌，初學者或許會心想「我記不住這麼多張牌」、「該從哪裡開始解讀？」而感到不知所措。這時候，就將十張牌分成幾個部分，並依序解讀吧！

首先是形成中央十字的兩張牌。

這是象徵了凱爾特十字法「十字」的兩張牌。一開始別想著要一口氣解讀十張牌，建議先將重點放在〈①現況〉及〈②考驗〉這兩張牌

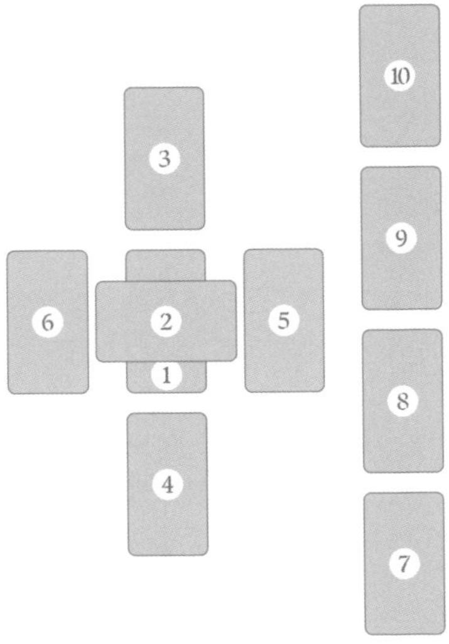

上來解讀。換言之，只要能冷靜地掌握「①自己現在處於何種狀況」、「②問題為何？」，應該就能找出大多數問題的解決方案。而剩下的八張牌，則可以作為輔助參考著解讀。

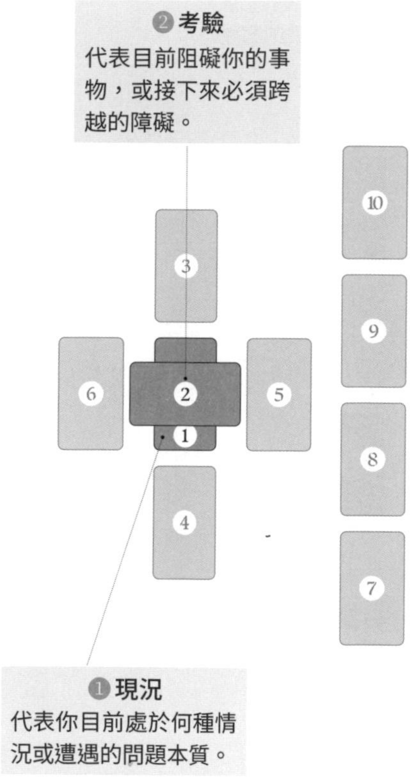
❷ 考驗
代表目前阻礙你的事物，或接下來必須跨越的障礙。
10
3
9
6
2
5
1
8
4
7
❶ 現況
代表你目前處於何種情況或遭遇的問題本質。

如果想進一步深入檢視，接下來的兩張牌就是〈③目標〉與〈④原因〉。「③希望如此的願景」，以及與之相對的「④引發該問題的原因」，是上下成對的兩張牌。

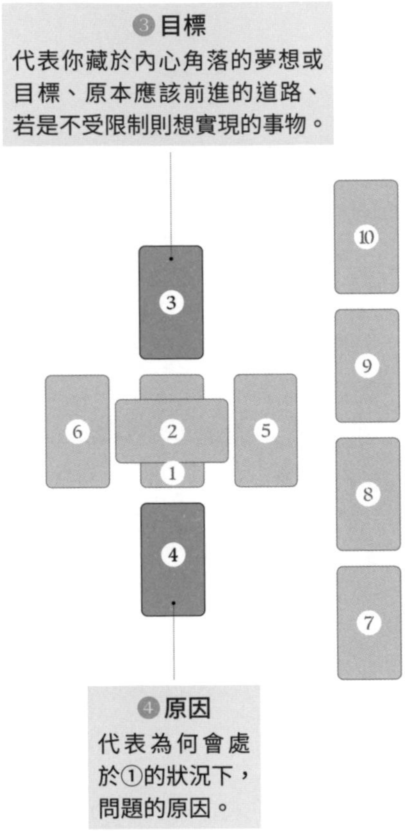
③目標
代表你藏於內心角落的夢想或目標、原本應該前進的道路、若是不受限制則想實現的事物。
3
6
2
1
5
4
10
9
8
7
④原因
代表為何會處於①的狀況下，問題的原因。

如果在〈③目標〉出現涵義不太好的牌，卻在〈④原因〉出現印象不錯的牌，或許會覺得難以解讀，這時請務必參考本書的解說。

再來是排列在兩側的兩張牌。只要想成是象徵〈⑤過去〉、〈①現況〉、〈⑥未來〉這樣時間序列的牌，就很容易想像了吧！

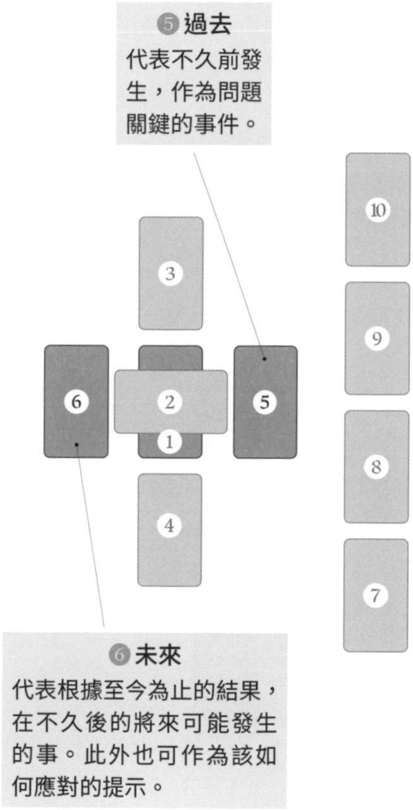
⑤過去
代表不久前發生，作為問題關鍵的事件。
10
9
8
7
3
6
2
1
5
4
⑥未來
代表根據至今為止的結果，在不久後的將來可能發生的事。此外也可作為該如何應對的提示。

由於〈⑤過去〉的牌常與〈④原因〉有關聯；〈⑥未來〉的牌常與〈③目標〉有關聯，因此試著兩兩一組檢視，或許能有所發現。

然後，接著是凱爾特十字右側的縱向牌組。如果說目前為止的牌面，是用以從各種角度掌握現況，那麼⑦～⑩的縱向牌組則可以視為「那麼該怎麼做？」，代表實際採取的行動或建言。

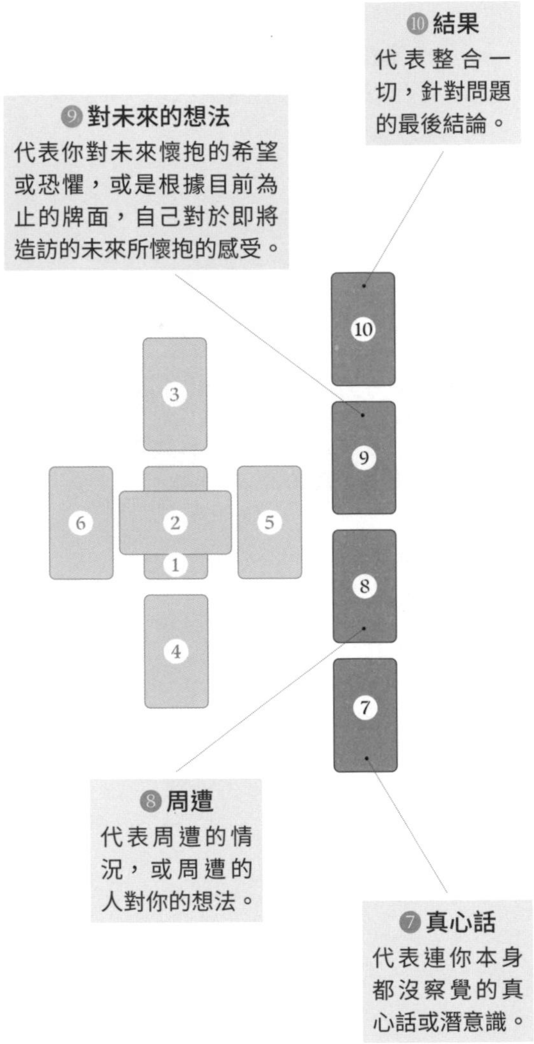

⑩結果
代表整合一切，針對問題的最後結論。
⑨對未來的想法
代表你對未來懷抱的希望或恐懼，或是根據目前為止的牌面，自己對於即將造訪的未來所懷抱的感受。
⑧周遭
代表周遭的情況，或周遭的人對你的想法。
⑦真心話
代表連你本身都沒察覺的真心話或潛意識。
1
2
3
4
5
6
7
8
9
10

〈⑦真心話〉代表的是連自己都沒察覺的內心想法。即使嘴上表示期望，內心卻正好相反，也是常有的事。替別人占卜時自然不用說，在替自己占卜時也必須仔細解讀這張牌。

〈⑧周遭〉代表的是針對這個問題，商量者的周遭有著怎樣的情況。當這裡出現繪製人物的牌時，經常會將與那張牌形象相近的實際人物解讀成關鍵人物。

〈⑨對未來的想法〉則與〈③目標〉或〈⑥未來〉不同，解讀時請試著將重點放在自己對於今後未來的感受或心理層面的事物上。

〈⑩結果〉與〈⑥未來〉的差異或許很難分辨，不過可以試著將⑥視為事物的發展，⑩則解讀成這個問題對於商量者而言，最後有何意義。

無須平均解讀全部的10張牌

像這樣在眼前排出十張牌後，首先就如先前所說的，一邊確認「位置」涵義與「牌面」涵義的組合，一邊解讀吧！

即使同樣是「愚者」牌，分別出現在「現況」與「周遭」的位置時，涵義也會有所改變。如果出現在〈①現況〉，就表示是「你本身如愚者般徘徊不定的狀況」；出現在〈⑧周遭〉，也可解讀成「周遭全是如愚者般不可靠的人」。

不過，在能隨心所欲地發揮想像力之前，必須累積相當程度的練習。即使是職業占卜師，能夠澈底融會貫通的人也不多。

因此本書就是作為輔助的工具。書中將會分別根據十個位置及七十八張牌的情況，解說「如果在這裡出現這張牌，就能這樣解釋」，其排列組合共有多達七百八十種變化！在將本書作為塔羅牌辭典反覆翻閱的過程中，一定能逐漸掌握導出「位置」與「牌面」兩種涵義組合成詞彙的感覺。

POSITION

1

現況

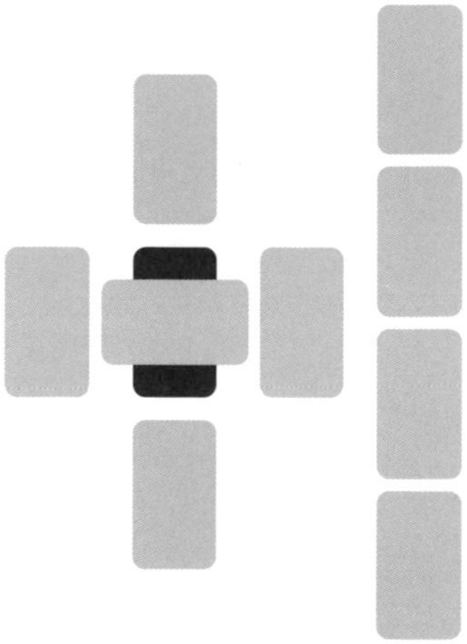

1 現況的位置代表的內容

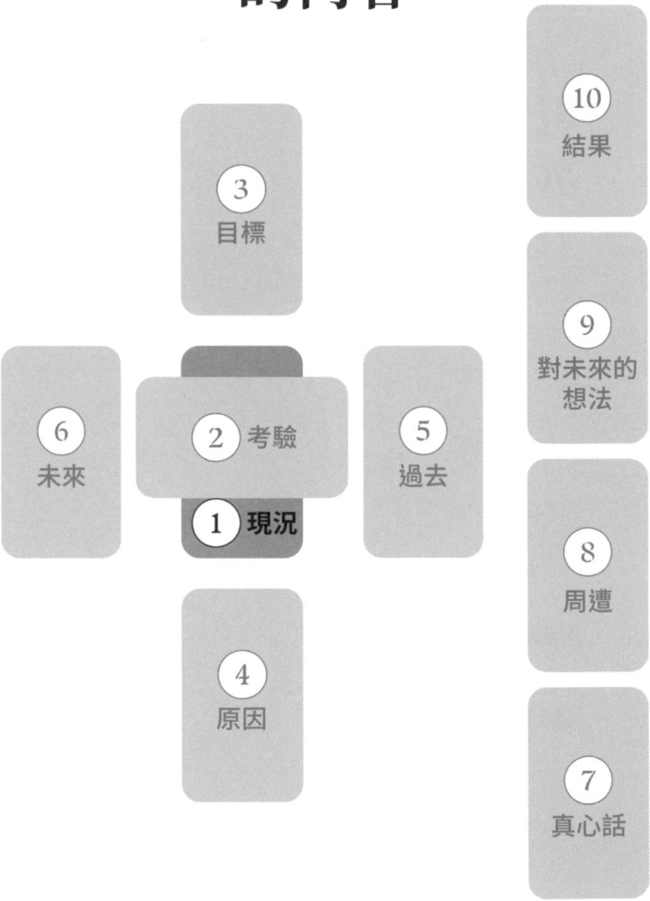

Hint 1

自己（商量者）的現況

在〈①現況〉的位置，可確認你目前處於何種狀況。凱爾特十字法牌陣全部共有十個位置十張牌，可根據想占卜的主題深入探究，而其中〈①現況〉是最基礎的位置。將目前的自己置於軸心，浮現出來的過去或未來就會更為具體，且更具深層意義。

Hint 2

檢視自己的另一種角度

〈①現況〉所顯示的牌面，可能會有與商量者或自身感覺到的狀況並不吻合的情形。這時候並非自暴自棄地說「占卜不準確」，而是請仔細思考這張牌究竟想告訴自己什麼。塔羅牌正在傳達什麼樣的訊息呢？如果放下「自己就是這樣」的成見，或許就能從意料之外的角度重新檢視當前處境的涵義。

Hint 3

解讀現況的訣竅

為了更深入檢視現況，建議比對出現在〈②考驗〉位置的牌來解讀。〈①現況〉是作為檢視所有其他位置時的軸心，但與〈②考驗〉的關聯格外強烈。比如說，如果單看〈①現況〉沒有頭緒時，只要藉由比對〈②考驗〉，輪廓就能清晰浮現。

①

現況

出現的是……

自己目前
處於何種狀況
那出乎意料地
連自己本身都不明白
首先明確地
掌握目前的位置
就能成為找到
通往幸福道路的契機
首先請客觀地
重新審視自己
目前所處的位置

MAJOR ARCANA

0 愚者

以自由為目標，重設現況

你目前懷有「想變得自由」的強烈想法，似乎潛藏著想重設現況，從零開始重新來過的衝動。但這終究是衝動而毫無計畫性。不過，這種單純的想法中蘊含無限的可能性，別讓成人的常識摘除了這份可能性。

1 魔術師

一邊思索，同時擬定最佳計策

你正處於一邊反覆試驗嘗試，一邊前進的狀況。儘管煩惱，也相信「前方仍有希望」而並未放棄。你具有堅強的意志，或許正在思索是否還有其他最佳計策。內心某處似乎懷有藉著嘗試不同角度，就能突破現狀的想法。

2 女祭司

將祕密藏於心中，分析現況

你目前正極為安靜地觀察狀況。雖然似乎有著許多思緒，卻將祕密藏於心中，同時冷靜地面對眼前發生的事情。你並非往外發洩，也並非悶在心裡，而是深入理解現實狀況，並試著沉穩地分析。

3 女皇

環境完善，令人滿意的狀況

你目前在精神上、肉體上，或是財務或物質上處於令人滿意的狀況，也能善加發揮自己的魅力。就此而言，你沒有任何不滿，而有著獲得充分事物的幸福感。另一方面，潛意識中也可能懷有不想失去當前恩惠的不安感。

4 皇帝

以堅強的意志，一心一意地向前衝

儘管有些困難，你仍展現出毫不退縮試圖向前衝的姿態。你具備想靠自己的力量設法處理，並實際採取行動的強烈意志。而在不接納悲觀意見或軟弱見解，正確地說是想加以否定的時期，則容易與周遭產生意見上的衝突。

5 教皇

自己應當前進道路的提示

你有時會想停下腳步，詢問「自己這樣真的好嗎？」。這時將會出現提示你解決方案的人物，或是在碰巧閱讀的書中或欣賞的電影中，隱藏著指引你發現應當前進道路的提示。請保持頭腦清晰，以察覺提示。

6 戀人

在享受的同時進步

你目前似乎熱衷於某些事物上，某些光想就令人感到開心的事物占滿你的內心。因此儘管面臨障礙，也會湧現力量設法克服。由於你享受著這份過程本身，因此能愈來愈進步。此外，也代表作選擇時的暗示。

7 戰車

朝著實現積極採取行動

你正果敢地著手處理某件事。由於並非處於被動狀態，而是依靠自身判斷積極前進，現在的你會自然而然地脫穎而出。在你內心深處似乎存在著無可撼動的理由與目的，促使你為了加以實現而積極採取行動。

8 力量

與強大力量達成妥協

你會感覺到影響自己的強大力量。儘管認為難以對抗，仍展現出不為此焦慮，試圖沉穩接納的態度。目前自身周遭的環境絕對不差，因此你似乎正打算與之妥協，和平相處。

9 隱士

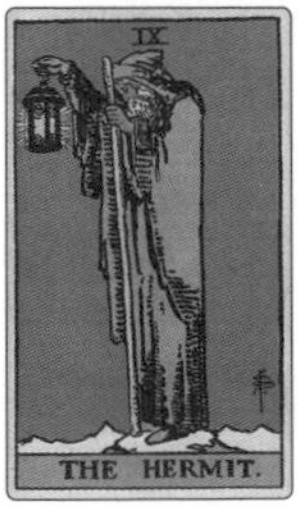

檢視自己本身，好好面對

任誰都會有想要獨處的時候，你現在的心境正是如此。你正想著暫時關閉心門，好好面對自己。目前似乎是將重心擺在內在而非外在，靜靜地回顧過往，同時調整身心的時期。

10 命運之輪

突如其來的事件將要改變未來

重大的轉捩點即將到來。接下來很有可能會發生足以改變你未來的重要大事，或是已經正在發生了。這絕非壞事，反倒是值得高興的事。不過，因為過於突然，或許會令人感到不知所措。

11 正義

下判斷、作決定之時

關於目前面臨的問題，你正要作出二擇一的決定。是否正盡可能地不受情感左右，試圖以客觀角度加以抉擇呢？如果有搖擺至今、尚未得出結論的事，現在或許是作個了斷的時候。

12 吊人

雖然停滯，但心情樂觀

你似乎遇上難以進展，無法隨心所欲行動的事。但這並非你的責任，而是有不得不如此的原因，所以你或許並不那麼焦慮。另一方面，似乎也可能扭轉你看待事物的常識。你的情況是何者呢？

13 死神

暫告一段落，邁向新發展

你目前為止所面對的事物即將告一段落。你努力至今的事，或煩惱至今的狀況似乎正逐漸穩定下來。是不是重設一直以來累積的事物，迎向全新發展的時候了？自己的價值觀或許會產生一百八十度的大轉變。

位置
1
2
3
4
5
6
7
8
9
10

14 節制

一邊調整，一邊沉穩前進

你並未面臨重大問題，事物正順暢進展。即使處於各式各樣的意見或條件中，也能在該讓步時適時讓步，順利維持平衡向前邁進。由於是平穩且缺乏刺激的狀況，你或許會覺得有些無趣，不過內在似乎正緩緩產生變化。

15 惡魔

容易因想法草率而受到誘惑

你的內心存在空隙，容易受到對你而言其實並不重要的人事物吸引，因而可能表現出與「原本應當如此」的自身姿態截然不同的一面。處於意識深層「想打破常規」、「想盡情放縱」的願望似乎會浮現出來，現在是容易受到誘惑的時期。

16 高塔

累積至今的事物崩潰與重建

這張牌暗示著你即將碰上足以破壞自身認知的震撼事件，或是在心境上經歷到同等級的沮喪失望。由於那並非可以事先預測的事物，因此你似乎格外大受衝擊；也能視為轉變方向的時刻到來的訊號。

17 星星

心懷閃耀希望，以純粹的想法向前邁進

你心懷著宛如天邊第一顆星那般閃耀的希望。那或許與從客觀角度所見的當前狀況無關，只是存在於內心深處的期待罷了。即使如此，那仍是毫不迷惘的純粹心情。你筆直向前衝的態度，也會帶給周遭正面影響。

18 月亮

看不見真心，心不在焉地活著

你似乎不清楚自己真正想做的事為何，或是不懂他人的心情而造成麻煩。你可能會因此難以作出決定，心不在焉地過著每一天。雖然想像力豐富，卻可能會顯得喜怒無常或多疑。

19 太陽

以天真無邪的內心，積極採取行動

你會展現出如孩童一般的心境，面帶天真爛漫的笑容積極向前邁進。能為了實現想做的事抬頭挺胸地採取行動，而周遭似乎也會產生加以回應的氛圍。之前進展得並不順利的事，如今也已具備成功的狀態。

20 審判

突破僵局，迎接全新發展

已有徵兆顯示，將有令你意想不到的全新發展造訪。原本幾乎要放棄的事似乎會重新展開，或是以截然不同的方式突破僵局。那並非無中生有的事，而是你累積至今的結果。可說是期盼已久的機會。

21 世界

理想與現實一致，獲得滿足

你長久以來在內心描繪的想像完美地符合現實——獲得如此滿足感的時刻將近。似乎會有理想的邂逅，或事物如你所願地進展等好運降臨。你將能與周遭人們維持良好平衡，同時讓事物圓滿進展。

權杖一

以全新觀點邁出步伐

你似乎會考慮到「這麼做能促使未來有好結果」，而想選擇大膽的行動。是否正試圖以不同於以往的觀點，邁出新的一步？由於你對未知事物很感興趣且興致勃勃，也可能會做出令周遭大吃一驚的挑戰。

權杖二

正慎重考慮是否應當採取行動

你似乎遲遲無法作出決定。容易一邊觀望周遭情況，或詢問「如果〇〇的話，你怎麼認為？」，一邊慎重考慮究竟該不該實際採取行動。其實也抱持著「狀況能否在自己不主動採取行動的情況下，自然而然地好轉」的期待。

權杖三

將希望付諸未來並採取行動

你心懷「接下來的行動會如何讓未來變得更好」的希望，並對支持著自己的周遭人們心懷感謝之意。目前的狀況絕對不糟，不過若是輕忽大意，就有失敗的風險，需要小心。

權杖四

至今為止的努力開花結果之時

當你與周遭溝通交流的同時，會產生希望一切順利進行的強烈想法。似乎也會有與他人共享喜悅的情況。或許會有關於將來的事需要擔憂，不過不需悲觀，你努力已有徵兆顯示，至今的事即將開花結果，可以鬆一口氣。

權杖五

齟齬導致低潮

你的情緒容易陷入混亂，導致事情無法稱心如意地進展，或因意見分歧而吵架。儘管努力，卻可能因為狀況不佳而備感壓力，導致遷怒他人。只要注意這一點，問題或許會意想不到地迎刃而解，無須太過焦慮。

權杖六

評價上升而獲得自信

似乎會發生一些令你有卓越提升的事，比如說達成設定較高的目標，或是被提拔到內心期望的位置等。這也暗示著你會獲得立場在自己之上的人認可，或評價上升而增加自信。請別忘記支持著你的人的存在。

權杖七

正面迎戰，拚命奮鬥中

一言以蔽之，就是正在努力著。可以窺見你正在目前的環境中設法奮鬥的模樣。儘管需要跨越極大的障礙，你是否也不加逃避，而是想要正面迎戰呢？在你內心深處似乎擁有想保護自己重要事物到底的強烈心意。

權杖八

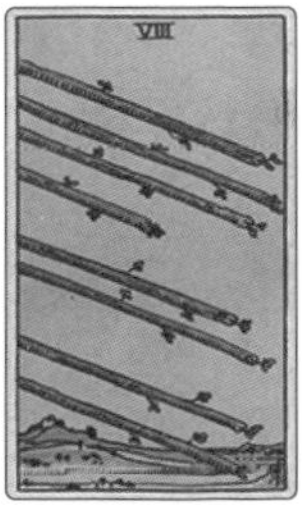

迎接轉捩點，慌張忙碌的每一天

或許會發生意料之外的事，導致你必須立即採取行動。由於變化突然，似乎沒有時間從容不迫地煩惱。你即將面對的，是必須立即決定該怎麼做的重大轉捩點。由於有太多事情該處理，似乎會因此靜不下心。

權杖九

下定決心著手去做

你至今為止雖猶豫不決，但似乎已經得出一定程度的結論。即使沒有自覺，在內心深處也已經預測了今後的發展。儘管會出現問題，但你似乎已經下定決心，認為只能做了。到時候，你將會在內心發誓絕不重蹈覆轍。

權杖十

目的遙遠而感到精疲力盡

你雖然擁有正在努力的目標，卻因為事情無法順心如意地進展，而在中途就處於精疲力盡的狀態。或許會感受到沉重的龐大壓力。即使如此，你那試圖前進而努力的認真態度，將會幫助自己突破僵局，但請別孤軍奮戰，尋求幫助也是努力的一環。

權杖侍者

興奮心情是採取行動的契機

你正處於似乎會有令人興奮的邂逅的時期。已有徵兆顯示，將有某種引導你走上全新道路的事物出現。那將會在你的內心點燃火焰，賦予你採取行動的能量。受到滿溢的熱情刺激，似乎會發生某些事，令你察覺自己至今為止從未意識到的全新一面。

權杖騎士

渴望採取魯莽行動

你愈來愈渴望能照自己的意思採取行動。正處於勇於挑戰的狀態，甚至難以考慮失敗的情況。即使遭到周遭反對，仍不會感到畏懼。你那試圖從各種逆境中學習的貪婪態度，似乎會引起周遭的關注。

權杖王后

進入成熟期，得以發揮魅力

培育至今的經驗或人際關係等，似乎已經達到了充足的水準，現在是你能盡情發揮魅力的成熟期。你或許也常想試著豁出去做些什麼。當你在工作等方面竭盡全力地投入時，或許會出現對這樣的你產生好感的人。

權杖國王

心懷高度挑戰欲望及勇敢意志

你的內心湧現出「雖然不知道會如何，但我想挑戰看看」的勇敢意志。儘管面臨障礙、存在競爭對手，但也有著勇於接受挑戰的強大意志。由於你提升了自信，而能朝著目標筆直前進。似乎存在某些只有你才辦得到的事。

聖杯一

激發愛情的邂逅造訪

在你面前似乎出現了你單純感興趣，或產生愛意的對象。或許是令你有好感的人近在身邊，也可能是找到能全心全意投入的事物；也值得期待能與今後發展相結合的邂逅。你將能坦率地面對自己的內心，並發揮同情心。

聖杯二

以體貼之心構築人際關係

你有著高度認同、體貼對方的心意。已有徵兆顯示，你與特定的人是堪稱心靈相通的「搭檔」，但偶爾還是會意見對立，需要努力接納與自己不同的價值觀。與其孤軍奮戰，不如找人商量以突破僵局。

聖杯三

膠著狀態緩和，邁向下一階段

你儘管面臨問題，也能順利溝通而作出了斷。彼此的想法一致，使得原本觸礁的事似乎能順利談妥。顯示出能與他人和解，建立和諧關係。對方能理解你的想法，接下來將邁向下一階段，狀況絕佳。

聖杯四

燃燒殆盡而提不起勁

身心似乎都展現疲態。即使有該做的事也顯得提不起勁。並未想出新點子或試圖作出改變，而是傾向於以慣性持續下去。或許是因為拚盡全力把某事做到最後一刻，而導致了類似職業過勞的狀態。

聖杯五

內心負傷的負面心境

你似乎容易感到悲觀，並以負面消極的態度看待事物。內心曾受到的某些創傷會浮出檯面。你正感到有些不太滿足，即使有想實現的事，也會認為自己沒有資格、不可能順利進行而感到畏縮氣餒。

聖杯六

沉溺於幻想 而逃避現實的傾向

你正幻想著以目前狀況不可能發生的事，或是想念著不在這裡的人物，以致於腦中的想像愈發膨脹。另一方面，卻也有容易逃避現實的傾向，遲遲提不起勁去做非做不可的事。你似乎畏懼著什麼而無法專注。

聖杯七

優柔寡斷 而無法作任何決定

你無法縮限自己負責的事物或相關人物範圍。就連必須作決定的事，似乎也持續延宕而未能得出結論。明明是關於自己的事，卻會心想「如果有人能替自己決定就好了」。你似乎正試圖巧妙地閃避某些必須負起責任的狀況。

聖杯八

告一段落並放手的時機

就某方面而言，是告一段落之時。現在是你放下長年以來執著或持續事物的時機。這與執著的強度無關，也可能是從由衷信任的人物身邊畢業。為了擺脫束縛自己的障礙，你需要有克服寂寞的勇氣。

聖杯九

願望接近實現階段，心滿意足

已有徵兆顯示你的願望將會實現，或是此刻已經實現，正感到滿心喜悅。狀況絕佳，周遭也願意協助，使得事物都能按照計畫順利進行。身心都充滿活力，可以窺見平凡的日常生活也過得十分充實。

聖杯十

心情平靜，能夠相信別人

你處於美滿的狀況，會感覺到沉穩而溫暖的情感正從內心湧現而出。即使在現實中有必須克服的問題，也能心懷相信他人的積極情緒。你將能珍惜日常生活中的微小幸福，並與眾人分享喜悅。

聖杯侍者

或喜或憂的單純想法

你正在取回酸酸甜甜的青澀情感。或許正為了熱衷的事物而或喜或憂。但是否正因為想法單純，因此容易受到傷害？能夠坦率地展現這樣的內在，似乎也可說是感受性豐富的表現。

聖杯騎士

想像力豐富而愛作夢

你顯得有些心緒不定，有愛作夢的傾向。會由於過度沉浸於幻想中，而做出彷彿處於異世界的行徑。由於你的感受性高，而容易接收到靈感或受到刺激。似乎也可能會有一場觸動心弦的邂逅。

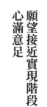

聖杯王后

後退一步靜觀狀況

你目前並非積極向前，而是處於後退一步觀望狀況的心境，並試圖原原本本地接納眼前所發生的事。或許會比平時更善於傾聽。比起正面硬碰硬，你似乎更想在不顯眼之處真誠以對。順從自己的直覺即可。

聖杯國王

左右未來的重要存在登場

出現足以左右你未來，有著強大影響力的存在。你現在或許正被對方的威嚴所震懾，或是你本身此時得以心懷極大的熱愛之情與人接觸。表現出對他人的理解或同理心，能提升周遭對你的評價。

寶劍一

事物一口氣啟動，發展令人眼花撩亂

似乎會發生逼你不得不採取行動的事，而且這件事可能會衍生出全新的發展。你應該能以客觀的角度，冷靜應對這令人眼花撩亂的情況。只要不輕忽大意且保持堅定，你就能光明正大地獲得屬於自己的正當權利。

寶劍二

內心深處的深沉黑暗出現二元性時

你正處於事情難以順利解決，略顯烏雲籠罩的狀況，是否會在作出某些判斷時猶豫不決？在這種情況下，你的情感可能會複雜地扭曲，而展現不同於平時的一面。另一方面，這也可能是引導你深刻自省的時候。

寶劍三

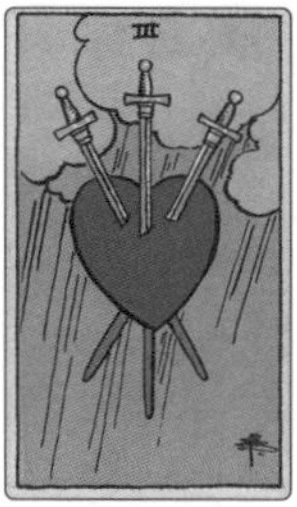

精神上的孤立帶來莫大成長

你似乎正感到孤獨，或許是與周遭人們的意見相左，或是起了爭執而感到受傷。現在可說是需要面對並接納這種不安的時刻。反之，如果你逃往輕鬆排解的方向，反而會因為空虛而苦惱。請培養敢於正面應對事物的強悍。

寶劍四

迎向未來調整步調

藉由在忙亂之中片刻歇息的時光，可以令你的情緒冷靜下來。你目前正試圖朝著未來調整狀態，似乎處於不願東想西想的心境。如果能暫時待在遠離目前住處的地方休養身心，或許就能察覺你真正的想法。

寶劍五

情緒混亂而看不見周遭

你似乎正受到自己的情感左右，而看不見他人的心情。背後存在著「不想認輸」、「自己更為優秀」的好勝心，容易因焦躁或固執而採取行動，可能會導致錯誤解讀狀況或時機。因此首要重點在於冷靜下來觀察狀況。

寶劍六

懷抱著不安邁向新世界

你想擺脫煩心事物的心情高漲，如果你正在尋求新天地，即使內心惴惴不安，也需要邁出下一步的勇氣。這並不限於精神上的意義，或許也是指一趟實際的旅行。你可從中獲得不同於以往的觀點。

寶劍七

朝向達成目標發揮潛力

你似乎有著並未向周遭展現的一面，且努力的程度若是讓人得知，或許會大吃一驚。在你心中存在遠大野心，並試圖為了實現而採取行動，也可能因此感到焦慮。速度感固然重要，但還是需要衡量其利弊得失。

寶劍八

超越極限 以成為嶄新的自己

你似乎正感到閉塞，即使主張自己的想法，聲音卻無法傳達給周遭，令你感到進退維谷。或許還會感到憤慨，「為什麼只有自己得嚐到這種感覺」。而當你努力試圖跨越這類極限的過程中，能夠引出你全新的一面。

寶劍九

擔心過度是缺乏自信的表現

你是否對過去的事件或自身的失敗很敏感呢？這導致你對各方面感到懊悔、悲傷，而無法積極正向地思考。即使想做些什麼，也常以缺乏自信作為藉口，而不實際採取行動。「反正我就是辦不到」是否成為你的口頭禪了呢？

寶劍十

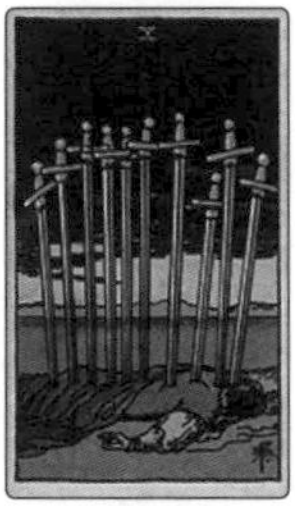

莫大失望為轉變的契機

你的內心深處正感到失望，過去發生了對你而言十分重大的事情。此刻，你正要從這份失望邁向重大的轉捩點。或許心情上無法感到愉快，但藉由改變思考方式、態度或行動，就能讓你邁向全新的階段。

寶劍侍者

以略微冷漠的視線俯瞰現狀

對於目前發生的問題或加以干涉的人，你或許正在內心某處想著「這種事根本就無關緊要」。你會優先做自己想做的事或感到愉快的事，不受陳舊觀念或一般常識的束縛，試圖以全新的價值觀推展事物。

寶劍騎士

充滿行動力，慌張忙亂的每一天

你正值行動力高漲的時期，比起擬訂計畫，更想付諸實行。為了實現自己想做的事，你會四處蒐集資訊、傾聽周遭人們的意見。比起謹慎行事，此刻你更重視速度感，有些事物也會在一邊思考並行動的過程中看清。

寶劍王后

冷靜觀察並作出決定之時

即使面臨令你不知所措的事，內心深處仍十分沉穩，試圖看清現況並冷靜作出決定。你似乎會根據以往的經驗，避免受到情感左右。這份精神上的強韌，能引導你作出最佳選擇。

寶劍國王

以堅定不移的意志朝著目標衝刺

你已在內心作出決定，並對於自身選擇充滿信心；抑或是擁有無論如何都想實現的目標，不是嗎？你的意志堅定不移，正試圖朝著單一目標筆直向前衝刺。另一方面，也有聽不進他人意見的傾向。

錢幣一

充滿氣勢地面對理想的未來

此刻正是你朝著未來擬訂計畫，邁出第一步的時刻。你是否正目不轉睛看著自己設想的未來，感到雀躍不已？不願讓想法以白日夢告終而充滿幹勁，想著「接下來才是勝負關鍵」；身體狀況十分良好，稍微勉強也還撐得住。

錢幣二

互動頻繁，過著充實的每一天

此刻處於人事物頻繁活動的狀態。你似乎正過著能充滿幹勁地採取行動，充實的每一天。與他人的互動也會變得頻繁。由於行程滿檔，使得你能冷靜自省的時間減少了，但相對地，來自外界的資訊或刺激增加了。

錢幣三

努力獲得評價，提升積極進取的想法

你播下種子並勤加澆水的努力，此刻正要開花結果。目標並未完全達成，或許還有該做的事，不過來自周遭的評價會令你感到幸福，並促使你產生更上一層樓的積極進取想法。

錢幣四

畏懼失去而傾向守勢

儘管在物質上並無匱乏，你似乎仍有著「不想失去」、「不想放手」的強烈想法，或許認為即使維持現狀也無妨。此外，對於著手進行全新的事物持謹慎態度，而會展現守勢。不過光靠防守是難以進一步成長的。

錢幣五

無法滿足，自我肯定感低落

你是否正懷抱著失落感，彷彿曾支撐自己內心的事物已經消失？自我肯定感顯得低落，之所以會認為「要是能更加〇〇就好了」，或許只是因為你無法相信自己。察覺自身已經擁有的事物是很重要的。

錢幣六

光明正大地走在發揮才華的道路上

你此刻正萌生不惜運用自身具備的能力或知識，以達成某項目的的想法。由於你相信支持某人的同時，自己也能獲得救贖，因此能光明正大地行事，而不受獨占慾或占有慾束縛。你似乎看得見如何在社會上發揮才華的道路。

錢幣七

突然停下腳步自問自答

你對於至今為止自己做得很愉快的事感到厭煩，或對於自己駕輕就熟的事物產生疑問。並非深入煩惱，而是「咦？」這般突然察覺到什麼而停下腳步的狀態，怔怔地思考的時間增加了。這可以說是邁向下一步的必要過程。

錢幣八

以高處為目標，幹勁提升

你產生了想以更高處為目標的想法，為了測試自身的可能性，幹勁也會自然而然地湧現。此外似乎還會有場邂逅進一步推動你的想法，且能藉由腳踏實地的努力，嚴以律己地鍛鍊實力。請相信自己的作法並向前邁進。

錢幣九

游刃有餘的平靜生活

你並非沒有煩惱，但似乎正過著穩定而平靜的生活。享受獨處時光的同時，也能游刃有餘地與親近之人相處。沒有經濟上或物質上的問題，也擁有能將錢用在提升自我的樂趣上，展現出舒適愜意的一面。

錢幣十

珍惜羈絆，承擔責任

你與家人或夥伴間似乎有著強烈的整體感，有些事會讓你體會到即使彼此沒有血緣關係，與重要的人之間仍存在無可取代的羈絆。這雖然是好事，卻也伴隨著某種「責任」，為了維持幸福，也需要一定程度的規則或架構。

錢幣侍者

左右今後的莫大可能性

你似乎正察覺到某種令你感受到莫大可能性的事物。雖然覺得極為重要，卻也同時對其感到恐懼。你目前正在思索著究竟該不該竭盡全力賭在這項可能性上。而你如何面對這點，似乎會使今後擁有截然不同的發展。

錢幣騎士

朝著目的踏實前進

你正在將被交付的職責，或應當針對目的著手處理的事物一項項地完成，忠於自身信念的姿態令人印象深刻。儘管會花費一些時間，仍不惜努力以達成目標。雖然不該勉強，但你的誠懇值得肯定。

錢幣王后

確實地積蓄以備未來

你似乎對生活方面的事物倍感關心，強烈地想要提升食衣住方面的品質，或是構築一個溫暖的家庭，並為此而努力作著準備。似乎正在累積儲蓄。由於精神上十分穩定，你並不是出於不安，而是積極地考慮「以備未來」而行動。

錢幣國王

渴望腳踏實地的成功

你對於在社會上及經濟上獲得成功有著強烈興趣或渴望，且正打算靠著自己實現，或是試圖與已經獲得成功的人取得聯繫。由於你會以現實的觀點看待事物，而有著比起夢想，更重視收入等條件的傾向。

位置
1
2
3
4
5
6
7
8
9
10

關於塔羅牌的種類

雖然本書使用的是萊德・偉特・史密斯塔羅，但你可以使用任何一款塔羅牌。說起來，塔羅牌的種類繁多。比如在塔羅牌發展初期，誕生於十五世紀米蘭的**威斯康提塔羅**。這時候的塔羅牌是以添加金箔或青金石的顏料手繪而成，是昂貴的禮品。

十六世紀時，塔羅牌從豪華的手繪卡牌轉變為廉價的木雕版畫，其中最為標準的版本是**馬賽塔羅牌**，也是現代塔羅牌的原型。到了二十世紀初，英國的魔法結社「黃金黎明協會」團員亞瑟・偉特委託畫家帕梅拉・科爾曼・史密斯（Pamela Colman Smith）繪製的塔羅牌，正是現在最普及的**萊德・偉特・史密斯塔羅**；同樣隸屬於「黃金黎明協會」的阿萊斯特・克勞利（Aleister Crowley）委託畫家弗里達・哈里斯夫人（Lady Frieda Harris）繪製的**托特塔羅牌**，也同樣受到塔羅牌迷的熱烈喜愛。

萊德・偉特・史密斯塔羅之所以成為劃時代的作品，是因為它將至今為止僅如撲克牌般以符號呈現的小阿爾克那，全部繪製了圖畫。即便是初學者也很容易聯想小阿爾克那的牌義，因而受到全世界人們的喜愛。

此外，在馬賽塔羅牌與萊德・偉特・史密斯塔羅當中，大阿爾克那的「正義」與「力量」牌順序相反，這是因為「黃金黎明協會」在構築教義體系之際，認為按照舊有順序會產生不自然之處，才會加以對調。因此在當時已經相當普及的馬賽塔羅牌中，8 為「正義」、11 為「力量」；而在源自「黃金黎明協會」的萊德・偉特・史密斯塔羅中，8 為「力量」、11 為「正義」。如果要購買原創塔羅牌等商品時，建議先確認那是根據哪種版本繪製而成。

POSITION

2

考驗

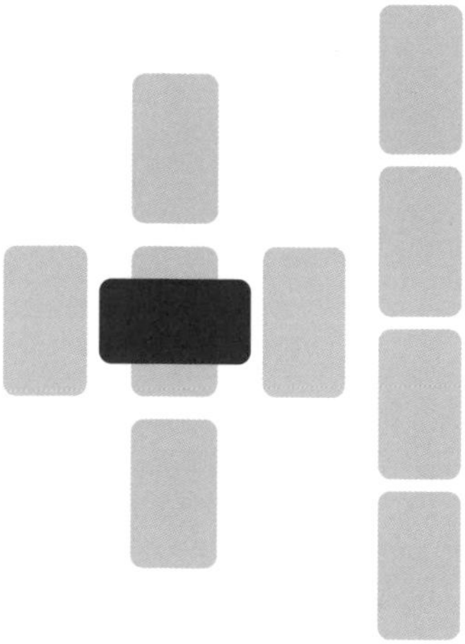

考驗的位置代表的內容

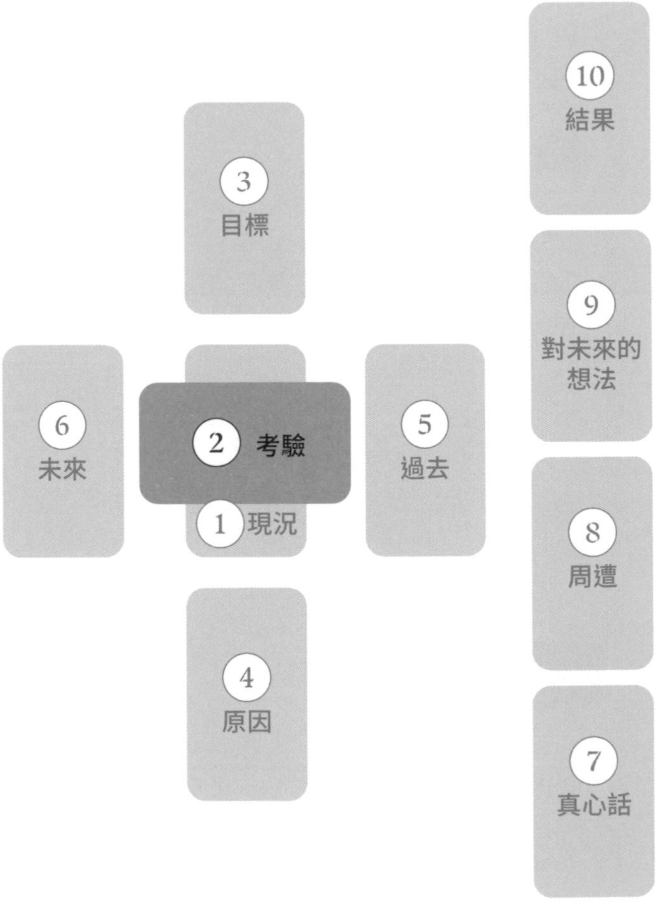

Hint 1

阻礙著你的事物為何？

在〈②考驗〉的位置呈現的，是與占卜主題相關的障礙，或是令存在的問題愈發困難的事情等。藉由解讀出現在這裡的牌，可以檢視妨礙你行動的因素。雖然那也可能是存在於你內心的一堵高牆，不過首先可直接視為妨礙者或狀況等外在因素。

Hint 2

或許是應當跨越的主題

受到這個位置的「考驗」、「障礙」、「高牆」等關鍵字影響，你或許會認為盡是些討厭的事物。然而，「安逸」、「過於美好」等乍看良好的狀況，也可能會反過來形成阻礙。這張牌呈現的是你正在面對的重要課題，因此請務必積極著手處理，想必能發揮出意想不到的力量。

Hint 3

解讀考驗的訣竅

將出現在〈②考驗〉的牌與〈①現況〉的牌擺在一起研究，就能解讀出更為具體的內容。在原本認為「自己的現況是如此」的背後，或許還隱藏了些什麼也說不定。表面上對你而言看似有利的事物，其實卻成了阻礙……也有這樣的可能性。請試著以找出自身特點的感覺來解讀看看。

②

考驗

出現的是……

所謂你應當跨越的
考驗或障礙
究竟是何種事物呢
在看不見應當面對的
事物姿態的此刻
可能會覺得那是非常令人
恐懼的存在
然而，那會令你的人生
變得意義非凡
既為重要的課題，亦是應當
面對的現實
請試著確實審視

MAJOR ARCANA

0 愚者

為時過早，準備不足十分危險

你處於一切都還未決定的狀況，可能性雖為無窮無盡，但光是如此而倉促行事則十分危險。目前仍為白紙狀態的這件事本身，或許也可能是你現在最大的課題。或許必須等到狀況稍微具體一些，或點子更具實際方向後再說。

1 魔術師

畏懼變化會妨礙成長

你的腦中會湧現各式各樣的點子或計畫，且似乎具備出色的才華或技能。不過，是否會因此過於自信呢？並非沉溺於計策中……但只是光說不練，反而會遭人攻擊。請注意別讓聰穎淪為小聰明。

2 女祭司

無法化為言語，尚未發酵的想法

在你的心裡有著強烈想法，然而你本身或許還沒辦法用言語表達出這份想法。那仍在你心裡發酵當中，處於曖昧模糊的狀態。請確實審視你自己的內心或目前所處的狀況，試著將真正所想的事物具體呈現，也需要蒐集情報。

3 女皇

多管閒事或過度保護令人厭煩

代表母性的塔羅牌出現在考驗的位置：出於好意的心意可能會造成反效果。來自某人的好意或許會令你覺得多管閒事，愛情則會令你感到拘束也說不定。此外，也可視為與親密對象之間產生的「依賴」，反而妨礙了你前進。

4 皇帝

無法超越具備力量的存在

具壓倒性的力量、在各方面均會下達決策的存在正強烈地影響著你。由於無法超越那股力量，又可能導致問題無法解決，因此令你感到無力。而且對方或許會在你要執行某些事情時，究竟能多認真負責一事抱持疑問。

5 教皇

讓自己擺脫洗腦，具備更開闊的眼界

強大的成見似乎正控制著你。你至今為止所受的教育、學習到的事物、認為正確的內容，或是源於你所尊敬之人的教誨……這類事物皆可能使你的眼界變得狹隘。試著讓自己擺脫洗腦吧！

6 戀人

整理優先順序可摒除糾紛

你想將喜歡的事物或想要的事物全部得到手的態度，會被解讀成自私，而可能導致周遭人們的反感。為了替這類爭執作個了結，你必須整理原本曖昧模糊之事，將範圍濃縮為一項。這麼一來就能過著沒有糾紛的愉快日子。

7 戰車

從情緒失控演變成無法控制的情況

由於事物更迭迅速，導致你感到混亂。或許會出現某些人情緒化地對你說三道四。此外，你本身也可能會難以冷靜看待事物而失控。無法專心面對許多事，導致沒能按照計畫進行，似乎對你造成了壓力。

8 力量

難以掌控的棘手存在

不按牌理出牌且難以掌控的存在，令你感到心煩。你或許對無視於你的忠告或勸導而向前猛衝的人感到棘手。另一方面，你本身的意志也會變得薄弱，即使有想堅持到底的事情，也會覺得「算了」而輕易放棄。內心顯得無法游刃有餘。

9 隱士

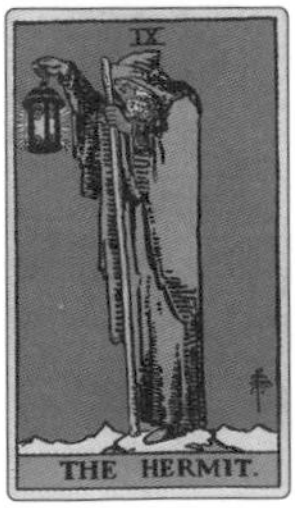

執著理想，孤立感強烈

你會執著於理想，而有關在自己的世界裡的傾向。因此容易對他人態度冷淡疏遠，或顯得固執。由於缺乏溝通，難以與周遭人們妥協，這樣的狀況倘若持續下去，就會產生「自己得孤軍奮戰」的強烈孤立感。

10 命運之輪

糟糕的時機和糟糕的參與

在你身上會發生自己無能為力、不可抗力的意外等，凸顯出時機的糟糕。由於儘管急著將事情處理好，卻無法如你所願，而常會感覺到焦躁。時機似乎尚未成熟。你本身的價值觀或許產生了動搖。

11 正義

略顯八面玲瓏的態度令人難以信任

你很容易受到他人的意見擾亂。在應當下決定時變得優柔寡斷、敷衍了事或八面玲瓏，展現出令人難以信任的態度，可能會因此招致混亂。此外，你或許會心懷偏見地看待事物，導致周遭人們感到不滿。

12 吊人

無法隨心所欲地行動，過著苦惱的日子

你似乎受到時間或距離的規定或限制，因而陷入瓶頸。你是否雖有心想跨越這些障礙，卻實在動彈不得而感到著急難耐呢？事物無法隨心所欲且如意地進展，似乎令你內心累積起痛苦難受的情緒。

13 死神

無法忘懷過去，沒能完全結束

你似乎仍無法忘懷早已完結的事，感到難以放棄而一再嘗試，無法切換心情。即使是只需客觀審視就顯而易見的事，你或許仍無法接受，長期懷抱著同樣的煩惱；也可能是還執著於一樁該放手的孽緣。

14 節制

也需要刻意突破的勇敢

理應是一樁美德的「節制」成了障礙。你可能有無法打破自己設下的框架，凡事都只求「適可而止」安全下莊，導致無法朝下一個階段前進等情況。有時候也需要有刻意極端地掙脫一切的心情，不是嗎？

15 惡魔

一邊找著藉口，一邊享受禁忌

你的意志似乎變得薄弱。或許有些事儘管覺得不妥，卻仍拖拖拉拉地持續著。你是否會對自己說些藉口，比如「因為其他作法太麻煩了」、「只要我想，隨時都能停下來」？可以窺見你正一邊感受著禁忌，一邊享受當下。

16 高塔

累積的情緒傾洩而出的考驗

你似乎正要面臨一場考驗，足以令你累積至今的情緒或壓抑已久的欲望一口氣傾洩而出。這也暗示著低估的事物將帶來意料之外的報應，或原以為隱藏好的事物曝了光；或許會以完全沒有預期的形式爆發麻煩。

17 星星

迷失目標，內心之火熄滅

你似乎迷失了原本作為目標的事物。原先憧憬的存在從舞臺前消失，或是你本身的熱情突然冷卻下來，因而不知道該以什麼作為原動力。可能會因為重要活動的延期或中止，而導致自己的想法變得模糊，問題變得嚴重。

18 月亮

難以置信而躲進幻想世界中

你似乎正為了逃避現實，而反覆作著白日夢。不但不認真處理該盡快得出結論的事，還頻繁地躲進自己的世界裡。與周遭的關係也可能會因為缺乏溝通而變得不穩定，並對於相信至今的事情產生懷疑。

19 太陽

過於引人注目而飛來橫禍

你非常努力投入想做的事，導致自己過於引人注目，或許因此引來缺乏正當性的嫉妒或攻擊。當你單純地強調自己做得很好的事或自己的成功，也會被誤解為「驕傲自大」。因此需要思考自己的言行舉止對周遭的影響。

20 審判

儘管期望事態好轉，想法卻很消極

你由於惦記著過去的失敗或後悔，因而妨礙到事物的進展。如果能主動斬斷這點，就能拓展出道路，但對你而言似乎相當困難。你顯得想依賴外力，想著「如果沒有能夠改變的契機，自己就無法改變」，將自己封閉在殼中。

21 世界

追求理想而導致強人所難

你儘管追求完美，卻似乎覺得總是少了些什麼。這種匱乏感正存在於你所面臨問題的根源。你或許會為了獲得短暫的滿足，而做出不停遊走各地的行動。也可能因過度追求理想，而陷入強人所難的情況。

權杖一

因期望與現實之間的差距而意志消沉

儘管你有想實現的事物，心情上卻並未振奮到足以採取行動，或處於某些原因而無法開始著手。最後可能會淪為紙上談兵。你所期望的方向與現實中的進展狀況有很大的差距，這或許是缺乏動力的原因。

權杖二

長時間深思熟慮而毫無進展

處於長時間反覆討論卻得不出結論的狀態，就如一堵高牆阻擋在你的面前。你或許一直在思考著該選擇複數條道路之中的哪一條前進。倘若狀況就這樣毫無進展，捨棄一切讓狀況回歸原點，也是值得考慮的選項之一。

權杖三

無法獲得針對想法或計畫的協助

並非此時此刻，而是在今後想前進的方向上，你似乎無法獲得周遭的協助。你首先必須好好地說服眾人，然而儘管誠心誠意地仔細說明，或許還是會遭到反對。在這種時候，你就會感覺到遲遲無法朝下一個階段邁進的急躁感。

權杖四

避免冒險帶來的風險

你畏懼失去穩定。即使對現況感到不滿，也並未想做出重大改變，頂多只想在維持現狀的情況下，稍微做出不同的事情。雖然知道為了更上一層樓，有時也必須冒險，你卻不想肩負這個風險，這份怯懦會導致停滯。

權杖五

來回兜著圈子而無法統整

你正感覺到混亂，與周遭談著想說的事，結果變得難以收拾。之所以會如此兜圈子，是因為沒能提出得以統整話題的好主意。你必須事先作好對策，避免想談具建設性的話題時，卻被情緒牽著鼻子走而起爭執。

權杖六

顧慮周遭而迷失本質

你顧慮周遭觀感的事似乎引起了問題。渴望受到他人羨慕，或不希望失去這種狀態的想法，正妨礙著你從根本上解決問題。你顯得缺乏自信，儘管為了取勝而展現逞強的一面，卻似乎無法長久持續。

權杖七

與對立人物光明正大地戰鬥

似乎存在著與你的想法完全相反，或正試圖阻止你的對象。你若是想實現想法，勢必難以避開那些人，這將成為重大考驗。但你不能放棄，別想著依賴他人，必須光明正大地面對對方，傳達自己的想法。

權杖八

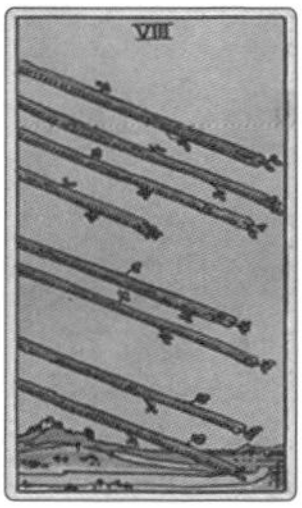

迅速應對，不要拖延

有發生應當迅速應對事態的跡象。你如果察覺此刻正面臨的問題，出現了可設法解決的發展，請別拖延，應一口氣處理。如果悠哉以對，事態恐怕會在一眨眼間產生變化。緊抓住微小的機會並活用是很重要的。

權杖九

決心不足導致狀況惡化

下定決心是重點，你的決心不足，使問題變得嚴重，千萬不能拖延或敷衍過去。你是否真正明確地付諸實行，將大幅改變發展。前方將有非常簡單的解決方案在等著你。

權杖十

因為肩負過多而疲憊至極

你有許多事情必須處理，情況超出了負荷。儘管想處理完畢，卻似乎無法再承受更大的負擔了。若想從根本上解決問題，必須藉由減少手上的事情、排定優先順序等方式加以調整。卸下肩上的負擔吧！

權杖侍者

改變心意使得解決時間延後

你似乎會面臨意想不到的發展或嶄新的邂逅，因此可能疲於處理目前對峙的問題。即使為了實現目標而努力至今，此刻的熱情或許已不復以往。心意改變可能會使你繞了遠路。

權杖騎士

不期望的忙碌導致壓力增加

你因為一時興起而採取的行動，似乎會導致無法回頭的結果。如果在你身邊有領導能力強的人物，可能會有被對方耍得團團轉、不得不遵從的狀況。你本身明明不希望忙得團團轉，卻會陷入難以抗拒的流勢中。

權杖王后

驕傲與自尊限縮了可能性

你似乎非常不希望自己努力或忍耐至今的事情白費工夫，而這份驕傲或自尊，其實正形成一堵高牆。正因為重視至今而不願退讓、認真面對而不願妥協，但這份固執意志反而限縮了在你面前拓展開來的可能性。

權杖國王

情勢由對方主導而被玩弄

你正被無法抗拒的存在奪走了自由，受到強勢的意見左右、被對方的步調牽著鼻子走，使得自己無法取得主導權，而成為壓力的原因。可以窺見這是源於你對對方的畏懼，而使得內心萎縮起來。

聖杯一

想法單純卻適得其反

你明明正朝著理想努力，發展卻似乎不如預期，而導致你十分焦躁。你出於好意的想法可能會適得其反，導致問題變得嚴重。自己單純的想法無法受到周遭接納，似乎對你造成龐大的壓力。

聖杯二

親近的人物成為意想不到的障礙

與你構築起良好關係的對象，可能會成為障礙。會因為遲遲等不到需要的聯絡、意見不合等溝通過程不順暢，而陷入瓶頸。至今為止對等的平衡正開始崩潰，存在其中的或許是競爭意識。

聖杯三

步調不一致而沒有進展

由於無法順利調整，使得你不得不維持著現狀。即使想與周遭步調一致，也會因為每個人都各有不同而難有進展。即使你自認是想出力協助，也會被認為是在將意見強加於人，或是陷入「三難困境」般的膠著狀態中。

聖杯四

消極處理事態的氛圍

你內在的聲音似乎正在踩著煞車，勸你與其採取行動，不如維持現狀。你察覺到自己的活力幹勁變得低落，似乎也相當疲憊。展現出「儘管對現況感到不滿，卻遲遲無法改變現況」的慣性的一面。

聖杯五

意識容易傾向負面消極

引起你目前面臨問題的主因，在於過度在意令自己感到不滿的事，而難以對事物抱持好感。你或許會顯得有些自暴自棄，下意識地否定了改善現況的優點或積極正向的想法。

聖杯六

封閉於空想的世界裡

你懷著矛盾的想法，認為談論夢想雖然有趣，卻畏懼加以實現。不過，如果不跨越這份糾葛，可能就只是心裡期望著，卻永遠不會實現。若不希望夢想以白日夢告終，就得採取某些行動，只要踏出一步，狀況會大幅改變。

聖杯七

見異思遷而分散精力

你的注意力散漫，無法將要做的事聚焦在一件上。由於想珍惜自己所想到的一切，導致精力分散，結果一事無成。此外，你也有下意識地不想承擔責任，而將重點託付給別人的傾向。你現在需要的是整理思緒及內心。

聖杯八

見異思遷
導致成功離你遠去

你現在面臨的問題，根源在於容易見異思遷。若是在最後一刻放棄，就需要很長的時間重建失去的信譽。然而，如果是在經過深思熟慮後才決定放手，那就是正確的選擇。你需要有意識地作出抉擇。

聖杯九

傾聽心聲，確認是不是真正的願望

你現在的煩惱或許並非達成目的前的問題，反而是達成之後的不安。你有著想實現願望、想隨心所欲地生活的強烈欲望，而看不見實現之後的生活會如何。出於虛榮心或好勝心的欲望，無法導向真正的幸福。

聖杯十

為了避免後悔而逼迫自己

你稍微有些輕浮過頭的傾向。如果你正在挑戰考試或面臨競爭相關的事，切莫輕忽大意。在達成目的之前，你需要保持嚴以律己的心情，並稍微逼迫自己努力。倘若流於依賴周遭的溫柔，就結果而言會感到後悔。

聖杯侍者

因甜蜜的悸動而忘卻現實

你此時正被前所未有的酸甜悸動所吸引，那種輕飄飄的感覺彷彿初戀一般。這或許會導致你無法以現實的角度面對夢想或目標，而莽撞地作出決定。即使如此，你也會膽小得在關鍵時刻裹足不前。

聖杯騎士

別將接收到的資訊照單全收

你有著容易受浪漫話題或令內心悸動的計畫吸引的徵兆。然而，如果並不具體，還是別過於深入比較明智。請在正視現實的情況下思考，否則反而會繞多餘的遠路。即使是看似具吸引力的資訊，也必須仔細查證。

聖杯王后

評價過高而導致嚴重疏漏

你容易對自己所感興趣的事物有過高的評價，或許會因此導致在問題變嚴重時也察覺不到；也可能是視而不見助長了狀況惡化。不過，只有溫柔並無法稱作愛情，有時表達嚴厲的意見也很重要。

聖杯國王

切莫盲目相信，應自行調查

你似乎在精神上仰賴著自己由衷信任的對象，如果強烈受到那個人的言論等方面影響，毫不懷疑地照單全收，總有一天會後悔。請養成仔細調查、驗證正確與否的習慣，不能隨便糟蹋自己。

寶劍一

無法作出決定而維持現狀

明明到了只需作出決定的階段，但你卻遲遲不作或無法作決定。儘管冷靜，但被迫下決定的壓力令你感到強烈不安。或者是還有令你難以接受的部分？然而即使維持模糊不清的現況，仍無法避免痛苦。

寶劍二

外在態度與真正想法有所齟齬

你的腦中有著許多想法，可以看得出已經失衡。如果能專注於一件事上，就有指望迅速發展，然而你儘管看似有幹勁，實際上卻並未完全作好心理準備。由於你不會將真正的想法表現出來，似乎很難獲得協助。

寶劍三

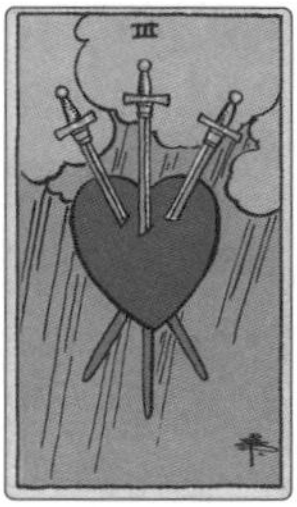

難以忘懷悲傷而避免冒險

由於你無法從過去的重大悲傷或心裡創傷中重新振作，導致目前面臨的問題變得更加困難。無法切換想法，也有避免冒險的傾向。你會屢屢將現況與過去的模式重疊，由於不想重蹈覆轍而變得膽怯。

寶劍四

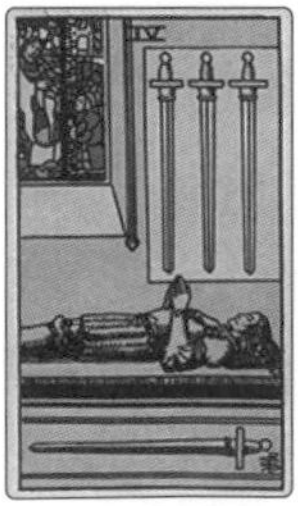

時機糟糕而無法面對

你似乎在情感上有著複雜的情況，而無法正視問題，稍微需要一段時間。即使是必須當面商議的情況，也會莫名地想要逃跑；也可單純地說是時機糟糕。你似乎試著躲進自己的內心以確保可以待在安全的場所。

寶劍五

自我主張 並未朝好的方向發展

你確實表達自己的心情或採取行動，這點本身並不壞，然而似乎因此造成了某些弊病。好不容易鼓起勇氣提出自我主張，卻也可能造成負面影響。這或許是由於你的傲慢所導致。

寶劍六

在全新流勢中引起風波

流勢與至今為止有所改變的情況，似乎引發了問題。你新引進的價值觀，或許會被周遭的人認為不合常理。此外，也可能會因為不適應環境或狀況的變化，而對你造成極大的壓力，似乎令你產生了想逃避現實的心情。

寶劍七

需要注意 表裡不一的人物

在你身邊似乎存在善於區分表裡兩種面貌的人物。對方並非壞人，但由於發言表裡不一，不要照單全收才是聰明的作法。對方可能會以溫柔的話語令你放心，並將事情導向對自己有利的方向，如果稱了對方的想法，就會對你造成損失。

寶劍八

想太多是負面主因

你有著過於嚴肅看待事物的傾向。在你身邊似乎存在著會小題大作的人物，儘管是原本能輕易解決的問題，也會大吵大鬧、誇大其詞。你會不可避免地受到影響而想太多，導致事態變得複雜，請保持自己的頭腦清晰。

寶劍九

自我憐憫而導致狀況惡化

請注意自己的思考，你或許會將並沒那麼糟糕的現實想得極為嚴重。只要以「事情能順利進展」為前提，眼前所見的景色就會有所改變。即使沉浸於悲劇女主角的情緒中也毫無意義，你應該是很堅強的。

寶劍十

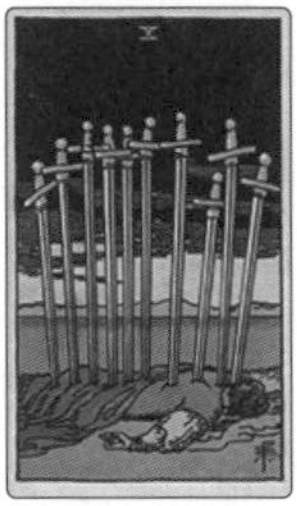

品嚐震驚的考驗時刻

在你身上可能會發生令人難以振作的衝擊性事件，請別將此事視為「終結」，而是當作「考驗」。即使是看似窮途末路的危機，你應該也有能力加以克服。而來自周遭的否定話語，事後或許也能理解箇中意義。現在正是蛻變重生的機會。

寶劍侍者

被小惡魔般的存在所玩弄

你似乎處於被腦子動得很快且伶牙俐齒的人物擾亂的情況。由於可以獲得許多刺激，只是稍微打交道倒還無妨，但切忌深入往來。此外，你也可能對具吸引力的事物傾心，而白白浪費時間，頃刻間的愉悅請適可而止。

寶劍騎士

即使忙碌，蒐集情報也很重要

你愈是朝著目標而努力，似乎就會變得愈忙碌。一旦稍微不注意或偷工減料，就可能會導致情況一百八十度地改變，需要小心注意。此外，如果疏於蒐集情報，就會無法作出適當的判斷，請從各個方面蒐集情報。

寶劍王后

接受真相以從根本解決問題

你身邊的人會對你説些不中聽的話，如果情緒化地加以反駁，就會錯失成長的機會。因為對方應該會提供具現實性的建言，請你努力接納其話語中的真相。逃避並不能從根本上解決問題。

寶劍國王

對無法抗拒的常識感到無力

你似乎快被正確言論擊垮，或是被社會上的常識所吞噬也説不定。你的意見等事不被接納，似乎令你失去了自信。這是為了實現你的願望所需面臨的考驗，但根據接納方式而定，或許會對你造成嚴重的心理創傷。

錢幣一

經濟方面的不安使你滋生執著

經濟方面的不安限制了你的行動，你會因為討厭手頭上的錢減少而加以忍耐。或許也會對事物有著強烈執著，即使是該放下的事物也放不了手。可以看得出你並不信任自己的賺錢能力，也因此無法爽快地給予周遭某些事物。

錢幣二

無法兩立而失去平衡

工作或興趣、戀情、家務事等，儘管希望有些事能兩立，卻無法順心如意。你目前雖然設法讓事態處於勉強能應付的狀態，卻因為過於忙碌而無法調整行程，導致心情容易陷入低潮，身心狀態因此逐漸失衡。

錢幣三

渴望獲得評價，以滿足受認可的欲望

儘管你希望自身存在確實獲得認同，卻無法實現，似乎因此累積了挫折感。是否也因為無法獲得渴望的地位或期待的收入而感到不滿？你或許正擔心自己明明竭盡全力在行動，收穫卻相對地少。

錢幣四

逃避全新挑戰，使世界範圍縮小

你有著想避免風險的強烈想法，似乎認為沒有必要冒著失去既有事物的風險，投入全新的挑戰。認為「維持目前狀態更有趣，沒有比這更好的了」這樣的想法，會令你的世界範圍愈縮愈小。

錢幣五

無法具體實現而考慮仰賴外力

你在精神及物質上都處於心裡沒底的狀態，可說是尚未作好可實現願望的準備。因此你心懷天真的想法，希望能獲得他人的援助，或成為自己的心靈支柱。你過於低估自己，並未發現自己原本擁有的力量這點，正在剝奪你的生存意志。

錢幣六

更能發揮才華的道路

你試圖注意到各式各樣的事，並平等對待。乍看之下似乎是很棒的態度，然而卻會因此無法專心投入在特定事物上，而導致分心散漫的狀況。這麼做或許會受人喜歡，你的才華卻也因此無法充分發揮。其實你應該可以做得更好才是。

錢幣七

沒有回饋感而累積壓力

你雖然存在著目標，但是當你置身於現實當中，似乎就會覺得失去目標意識；也會因為人們對你的意見或主張置若罔聞、沒有回饋感而覺得焦躁。沒人認真聽你說話或沒有共鳴的狀況，會成為你的累贅。

錢幣八

除了該做的事，對其他事提不起勁

這張牌可以看出你對某些事充滿熱情地投入，卻無心面對其他事。自己在做的事處於明確掌握且滴水不漏的狀態。然而儘管在解決問題上需要從許多角度去思考，你卻難以掌握新的觀點。即使獲得好的建議，或許也不會銘記在心。

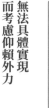

錢幣九

從目前所在之處起飛的勇氣

對你而言，目前所在之處或許是非常舒適的環境。然而，其實你已經開始感到無趣了不是嗎？儘管在經濟上或精神上都感到滿足，留在這裡卻未必能有所成長，反而可能因為毫無變化而導致心生不滿。

錢幣十

被重要對象干涉而感到煩惱

你的家人或親戚可能會干涉你的選擇。或是你在工作上無法違抗上司，導致自己逐漸失去積極熱情。自己想做的事被重要的人反對，想必很難受。畢竟當中存在著羈絆，這份關係無法輕易割捨。

錢幣侍者

想法純粹卻有高風險

這張牌暗示著你雖然不知道未來會發生什麼，卻想全力以赴地投入到充滿可能性的事物上。你的想法純粹且綻放著光芒，卻可能會因為無法擬定腳踏實地的具體計畫，而導致中途受挫。空有熱情或誠實不足以彌補，有時也會徒勞無功。

錢幣騎士

掌握機會的時機相當重要

你試圖穩扎穩打行事的想法會適得其反，導致妨礙發展的速度。儘管機會到來，卻有錯失良機的可能。作法謹慎仔細確實能獲得成功，然而目標如果近在眼前，某種程度的速度感也是很重要的。

錢幣王后

某人從經濟方面上加以干涉

這張牌暗示著會出現從經濟觀點干涉你的存在。雖然對方提供了「應當儲蓄」、「應當停止浪費」等建言，但對你而言是多管閒事，因為你也很清楚金錢的重要性。而對方之所以說出如此理所當然的話，足以顯見對方的不安。

錢幣國王

思考能力被剝奪，尋找可靠對象

你似乎會因為肩負重大責任而感到內心鬱悶，這股壓力剝奪了你的思考能力。因此你對於目前面臨的問題完全想不出任何解決方法，只想尋找某些可靠的對象。但你永遠不會忘記這些協助過自己的人的恩情。

當答案難以理解時……

儘管使用凱爾特十字牌陣確實地占卜了，或許仍會對於自己的解釋方式是否符合缺乏自信，或是產生新的疑問。這種時候，你也可以試著再加抽一張牌作為提示。

在抽出十張牌展開牌陣後，再一邊想著「請給我提示」，同時從牌堆中加抽一張牌。仔細凝視著自己抽出的牌，在這過程中就會浮現足以掌握整體涵義的提示。

不過，當在十張牌中有一兩張無論如何都捉摸不著涵義時，也可以運用這個方法。比如說，當你對於出現在〈⑧周遭〉位置上的牌面涵義摸不著頭緒時，就可以試著在這張牌旁邊放一張加抽的牌。就將這種牌取名為「額外牌」吧，加上這張牌，應該就能弄清當下的牌面涵義了。

但是，千萬不能濫用這種名為額外牌的技巧，如果你只是稍微思考一下，就覺得「我搞不懂，再抽一張好了」，只會加深自己的混亂罷了。這項技巧終究只能在你經過審慎思考，卻仍難以從牌面意象掌握涵義時，才適合使用。

此外還有一種作法，是在凱爾特十字牌陣中縱向排列的四張牌（從〈⑦真心話〉到〈⑩結果〉）旁，全部再加抽一張額外牌。尤其在出現了兩種行動為選項時，就可試著以兩排縱向牌分別代表行動 A 的情況、行動 B 的情況，要不要試試看？

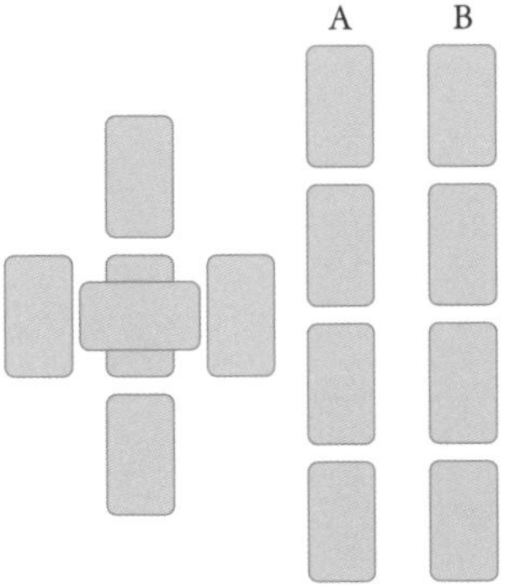

POSITION

3

目標

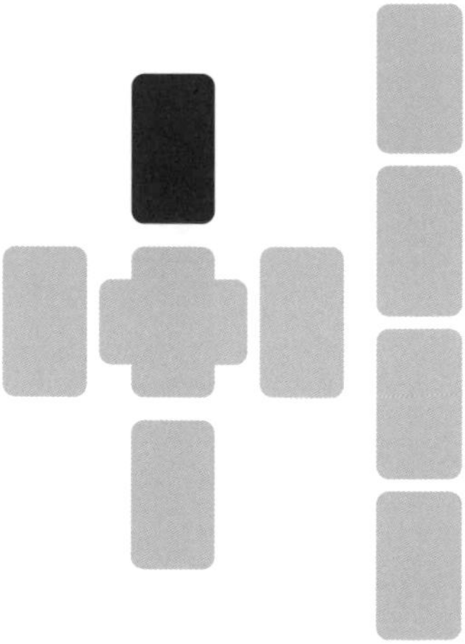

3
目標的位置
代表的內容

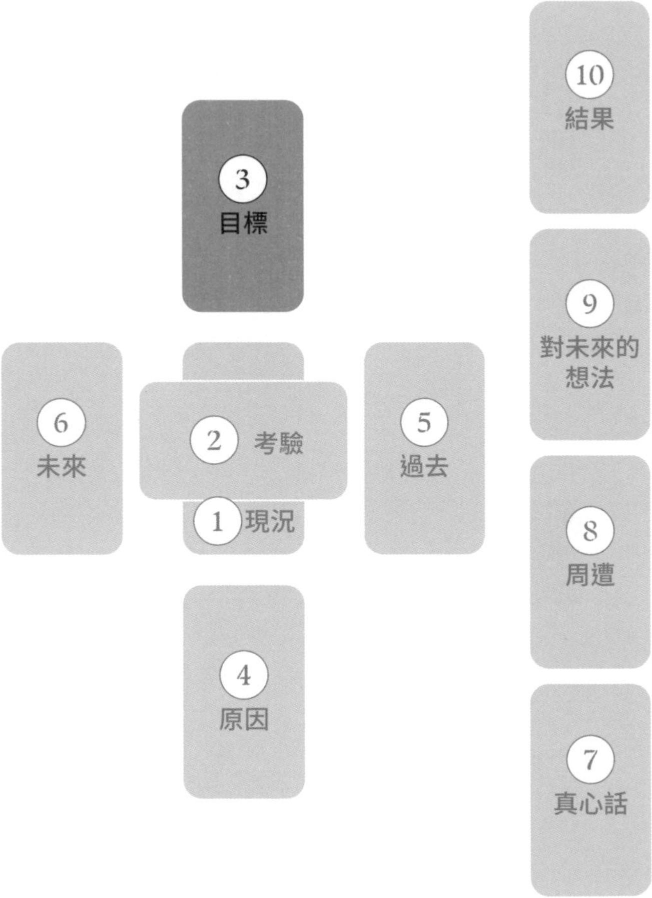

Hint 1

顯示出夢想或理想

在〈③目標〉的位置呈現的，是你希望今後在占卜主題上發展成什麼樣子，或是理想的形象。那或許是你平時認為「這種事我辦不到」，而兀自踩下煞車的事物。此外，對於平時總是受限於「自己該要這樣」的框架裡的人來說，看到出現在這個位置的牌時，或許會有摸不著頭緒的情況。請試著研究各種可能性。

Hint 2

你原本應當前進的道路

當你看了出現在這個位置的牌卻難以接受時，請試著以「如果毫無限制的話，想要實現什麼事」的觀點來檢視。你目前視為目標的事物，或許並不是你真正的願望。卸除了社會上的立場、常識或周遭的視線後，浮現出來的事物很有可能才是你原本想要前進的道路。

Hint 3

解讀目標的訣竅

如果想更明確地了解，解讀時建議可以對照〈④原因〉的牌。你心懷的糾葛或挫折，或許會令你難以看清自己真正想實現的夢想或目標。如果在這裡出現了帶有負面涵義的牌，就可以解釋成你害怕演變成這樣、想改善這樣的情況。

③

目標

出現的是……

這個位置所顯示的
是你正在抬頭仰望的事物
想在遠處發現的事物
先不討論能否實現
關於當前的問題
你所描繪想像的事物
以及推動著你
向前邁進的動力源泉
都會在此展現

MAJOR ARCANA

0 愚者

尚未作出任何決定，而想保持自由不受拘束

你希望自己能夠不受任何事物拘束，保持著自由，這就是你的理想。一旦被排定了未來的日程，你是不是就會覺得心情鬱悶呢？在人際關係上，你也認為必須履行某些義務或達成某些約定是一種負擔，而想盡可能地保留未來的可能性。

1 魔術師

人生整體而言非常積極

你積極進取，想讓自己的人生提升到全新階段。正在描繪著「今後」的未來，比如說想與重要的某人關係更進一步，或是提升自己的技能等。似乎也希望自己能成為某些方面的權威，在只有自己辦得到的事情上開疆闢土。

2 女祭司

了解真正的自己，在精神上有所成長

你很重視冷靜傾聽自己內心的聲音，無論何時都不會受到周遭的意見所迷惑。即使有些事並非出於本意，你也會希望藉此了解真正的自己，以期在精神上有所成長。比起對外表明，你似乎更想讓真正的想法在內心慢慢成熟。

3 女皇

與重要的人分享幸福

你正在期待著累積至今的努力得以化為肉眼可見的成果。想藉由實現願望，與重要的人分享活著的喜悅與樂趣。此外，你也強烈地想滿足內心的母性。

4 皇帝

領導眾人開闢道路

你的目標是成長為領導者，並確實作好了心理準備，要肩負隨之而來的責任，試圖遵守秩序及規則開闢道路。或許也想誇耀自己的力量。同時，你也期待著比自己更能發揮強大領導能力的人物出現。

5 教皇

提升自我價值，了解人生意義

你似乎暗自期望著能在自己現在所做的事、持續至今的事情上了解人生的意義。想要加深精神性、鍛鍊思考能力，以提升自身價值……這樣的想法十分強烈。此外，你也希望能有某個人給予自己明確的建言。

6 戀人

邂逅令你傾注愛情的某種事物

你正期望能邂逅令自己耗費一生也無妨、能令自己心懷熱情地投入其中的某些事物。並期待著自己能在目前行走的道路前方，發現能令自己燃燒靈魂的人生主題或長處。這當然也暗示著對於戀愛或浪漫的憧憬。

7 戰車

想要朝著目標繼續挑戰

你有著想竭盡全力達成宿願的強烈念頭，相當貪婪地想要實現願望。因此你總是想著要持續成長、繼續積極行動。儘管目前的實力不足，仍然充滿幹勁，不放棄地繼續挑戰。

8 力量

為了接近理想中的自身形象而努力

你希望自己無論處於何種狀況下，都能掌控理性與感性。努力地避免受偏見或臆測束縛，柔軟沉穩且有毅力地應對問題。在你心目中的自身形象十分明確，並且似乎以「總是受到周遭信賴」作為目標。

9 隱士

找回自我的獨處時光

你希望能遠離喧鬧的空間，擁有獨處的時光。步調很快的日常生活或許令你感到疲憊。你想找回自己內心逐漸迷失想法，是冷靜的表現。你正殷切期盼著傾聽自己真正想做的事，並珍惜自己的世界。

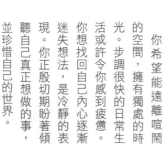

10 命運之輪

追求變化而加以挑戰

你正在追求著巨大的變化。儘管不知將會如何變化，你仍期待著會令事態一百八十度轉變的人生轉機。也可能會為了尋找突破現狀的契機，而挑戰各式各樣的事物。你正虎視眈眈地盯著幸運機會不放。

11 正義

為了前進而作出公平的判斷

你希望能公平地判斷任何事，或是被人如此判斷。認為毫無偏頗而圓滑的狀態才是理想的。為此，你或許需要不流於感性地對原本曖昧不清的事物作出了斷，或面臨割捨某些事物的艱困抉擇。

12 吊人

忍耐的經驗會令人成長

你相信只要接受現況、靜靜忍耐，未來就會為你敞開。面臨難以抉擇的狀況時不會勉強，沒有贏面時也不會流於情緒化，並具備認輸的勇氣。儘管或許會看不見應當前進的道路而動彈不得，但你相信痛苦的前方會有光明。

13 死神

打破窠臼，成為全新的自己

你想要破壞一切，從零開始。正試圖藉由捨棄執著或徒勞以打破自己的窠臼，一改至今為止的做事方式。你似乎希望清算過去，重生為全新的自己，為此也作好了面臨巨大變化的心理準備。

14 節制

希望緩慢地產生變化

正因為仔細考慮了自己的目標，你期待能緩慢但確實地產生變化。在與對立人物的互動下，或是被迫接納嚴峻的事態當中，你仍然希望能一點一點地朝著自己期望的方向前進。比起速度感，你更重視仔細確實。

15 惡魔

追求刺激，解放欲望

你渴望著擺脫理性，順應自身欲望，過得更加快活。儘管不知未來有著什麼、會發生什麼事，仍想擺脫社會上的規則或嘗試，品嚐更多緊張刺激；也會因為追求刺激，而作出擺脫社會倫理觀念的行為。

16 高塔

灰心或震驚是為了轉變方向

為了突破自己無能為力的狀況，你暗中期待著意料之外的事件發生。你有著儘管會因此大為灰心或震驚，仍希望能轉變方向的事物；也可能會因此強行採用新的事物。

17 星星

希望能設法實現的純粹願望

你擁有崇高的理想或目標，儘管得花費多年追求，也不會因此妥協。「想相信可能性、設法獲得美好結果」的純粹而殷切的想法，令你幹勁十足。儘管未來看似光明，也會心懷焦慮地認為「要是自己更有才華或力量就好了」。

18 月亮

接納不安或動搖的強悍

雖然提出了目標，但在你的內心某處，似乎期望事態進展能維持曖昧不清的狀態。你並不希望真心話曝光，且重視直覺或內心下意識的想法。儘管也會覺得心裡沒個底或不安，卻也同時擁有能接受這樣的自己的強悍。

19 太陽

希望自己更受認同

你似乎強烈地希望周遭能接納原原本本的自己，並加以稱讚。對你而言，達成目標是促成這點的手段。你如孩童般天真無邪地期待著肉眼可見的明確成果或榮譽，而非曖昧不清的結果。面對課題，你打算堂堂正正地正面迎戰。

20 審判

從過去學習，並應用到現在

你期許自己能打破墨守成規、捨棄過時的思維或價值觀，革新至今為止的作法。因此，會增加回顧過往失敗的情況，並希望有機會再次挑戰。你應該已經明白如何不再重蹈覆轍了。

21 世界

目標就該完美

你的理想崇高，並夢想著獲得一切、最為美好的幸福結局。為了避免以往的努力或持續至今的事物白費，你打算以完美且滿意的狀態告終，且期許將來能同時擁有比目前更穩定的狀態及全新的人生。

權杖一

對全新的開始充滿熱情

你正打算不再忍耐，毅然決然地開始行動。你充滿著熱情，想要嘗試全新方法、積極處理事物。此時你的好奇心多於恐懼，備齊了展開行動的條件，作好萬全準備掌握機會。

權杖二

謹慎看清，採正面進攻的方式前進

面對問題，你似乎想要冷靜而專心地思考，而不是急躁地得出答案。你在某種程度上，似乎想要避免異想天開的行動，而是依循正規或理論正面進攻。由於想配合狀況應對，你強烈地希望周遭的仍能夠先一步採取行動。

權杖三

伴隨著滿足感邁向更高處

你期望能從以往的努力或研究中，獲得某種結果或成功的證明，即使微小也無妨。似乎也期待著周遭能幫助自己。你確實地感覺到準備期已經結束，雖然暫時心滿意足，但差不多該是邁向全新階段的時候了。

權杖四

在展開行動前短暫歇息

你似乎渴望著無論何時都會支持自己的夥伴，同時也尋求著能夠讓自己放鬆的場所。由於你至今為止都在全力奔馳，目前需要短暫歇息。若能與真心信任的人共享樂趣，應該就能充滿幹勁，朝下一個目標邁出步伐。

權杖五

面對紛爭或課題的決心

你知道為了推動事態進展，必須引起風波。並認為即使為此與周遭意見相左，某種程度上也是不得已的，也作好了心理準備。你並未敗給恐懼，儘管有該著手處理的課題擺在眼前，你仍會視為全新挑戰積極面對。

權杖六

強烈渴望獲得認可而追求勝利

你強烈渴望獲得周遭的認可，而想藉由達成重大目標來引人注目。你將獲勝、成功、獲得某些事物視為第一優先，並相信喜悅會在未來等著自己。但是否會因為自尊心獲得滿足而靜下心來就很難說了。

權杖七

比起攻勢，不如採取守勢培養真正實力

儘管有應當達成的目標，卻想要維持現狀，心情十分矛盾。可以看出你很畏懼狀況急遽變化或發生意外，同時也很捨不得目前習慣的環境或作法。採取守勢比採取攻勢更能令你感到放心，且能維持動力。

權杖八

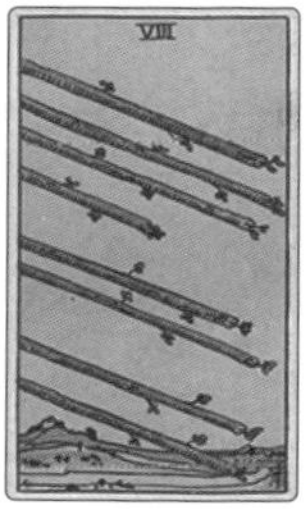

迅速行動以迎接轉捩點

你正期待著事態能迅速有所發展。為了達成目標還有許多事情該做，並沒有時間悠閒度日。此外也會面臨必須立刻作出結論的場面，為了迎接重大的轉捩點，你應該已經作好了心理準備，接下來就只剩採取行動。

權杖九

為內心的自信拓展道路

你期許自己擁有堅定不移的內心。做好應做之事，作好準備後，接下來就只剩下定決心。你很想好好面對自己恐懼失敗的心情，並重拾自信心。請鼓起勇氣，達成心中目標的道路，將在你眼前拓展開來。

權杖十

在迎接喜悅之前肩負重擔

你似乎正朝著令人感覺到壓力的重大目標而努力著。此刻雖然的確應該堅持，但或許會被硬塞些令你難以承受的重擔，抑或是被迫待在不合適的位置而孤軍奮戰。你將會在這樣的狀態下鍛鍊才幹，而得以迎接龐大的喜悅。

權杖侍者

充滿幹勁，投注熱情

你期許能以嶄新的心情面對目標，並投注熱情。儘管還不成熟，卻充滿幹勁及青春洋溢的活力。在這樣的情況下，可能會有段令你內心悸動的邂逅。由於你坦率的態度令人很有好感，似乎也會有許多人願意出手相助。

權杖騎士

精力充沛地向前衝的強悍

你期許自己具備朝著目標或願望勇往直前的強悍，認為唯有不畏懼周遭的眼光或變化，精力充沛地四處行動，才是真正的自己也說不定。你似乎希望自己充滿行動力，好讓他人認為「我想追隨這個人」。

權杖王后

以你的作風散發光芒

你正在摸索著能讓自己更為自由、取回自己作風的步調。你以自身言行舉止為傲，並期許自己能靈活柔軟地應對各種狀況。這已經在你身上逐漸成長，你這個充滿愛的存在，將會散發光芒照亮四方。

權杖國王

從更高的觀點發揮自身力量

與其被情勢牽著鼻子走，你憧憬的是以自身意志面對，站在前方率領周遭眾人。你會站在更高的觀點發揮領導能力，希望對人們有所助益。你想為了朝目標前進而發揮自身的力量。

聖杯一

想要找到重要的事物

你似乎殷切地期望擁有純潔無暇的愛情，你所投注愛情的對象，或許是重要的某個人，抑或是令你心動的某些事物。想強烈追求羈絆或生存價值的想法，會令你的人生變得更為豐富、更有意義且溫暖。

聖杯二

不過度熟稔，而是互相認同

你強烈希望能與他人保持對等關係且公平，期待著能彼此截長補短的夥伴關係。最好是能認同彼此實力的競爭關係，這份絕不會過度熟稔的緊張感，將會成為很好的刺激。

聖杯三

追求全新和諧，跨越糾葛

你正在追求自己與周遭眾人，或是與你本身的「意見一致」、「協調」。你正朝著能夠符合自我的境界前進，希望能改善現況的矛盾或糾葛，或是無須區分真心話或客套話。跨越對立或糾葛正是你當前的目標。

聖杯四

順其自然以療癒疲勞

比起變化或刺激，你更希望的是缺乏樂趣卻較為穩定的作法。似乎沒有精力積極採取行動。你強烈渴望能順其自然，暫時放鬆一會兒。這或許很無趣，但對你而言可說是必要且具有意義的過程。

聖杯五

面對負面情緒的必要性

你似乎感覺到必須面對背叛、悲傷、後悔等負面情緒。是在朝著自己的目標前進的過程中，產生了這樣的心境變化吧？為此，你絕對不會駐足停滯不前。這是你為了進化、成長的重要階段。

聖杯六

充滿心意而看不見現實

你想將愛情毫不吝惜地投注在最喜愛的人事物、偶像或興趣等對自己而言重要的存在上。這與你面對各種事情的動機息息相關。雖然能成為活下去的原動力，但若是過了頭，可能會導致看不見現實，請注意這點。

聖杯七

放不下無法實現的理想

雖然或許不會實現，但你期許自己能永遠心懷夢想，持續追尋著理想。儘管現實艱困，只要心懷所描繪的未來，就能繼續前進，並在當中有所成長。不過，你也有不願正視現實的傾向，眼下的狀態顯得不太穩定。

聖杯八

放下執著，獲得自由

你希望能擺脫過去的障礙。為了摸索全新的道路，你感覺到了放下執著、捨棄陳舊事物、脫離舒適圈的必要性。至今為止所累積的經驗，反而令你感到礙手礙腳。

位置
1
2
3
4
5
6
7
8
9
10

聖杯九

下定決心實現理想

你感覺到有想實現心願或期望的強烈意志，針對占卜主題，有著無論如何都想達成的熱切心情，比如獲得想要的事物、事情按照計畫進行等。為此，你也作好了犧牲某些事物或加以忍耐的心理準備。

聖杯十

圓滿的人際關係使得精神上很穩定

你想要獲得安詳而平靜的時光。似乎能藉由構築與溫暖家庭或情人之間充滿慈愛的愛情、與夥伴之間的強烈羈絆、與好友之間推心置腹……等圓滿的人際關係並加以拓展，享受令人心滿意足的幸福。而精神上的穩定，也能提升你的生活品質。

聖杯侍者

坦率地享受豐盛的世界

新鮮的感受性與純粹的驚奇感正是你原本所期望的事物。你想藉由喚起童心，以嶄新感性來感受事物，藉此獲得感動。即使年齡增長，應該還是能以繽紛豐富的方式看待世界。若能抱持這種態度，就永遠不會感到無聊。

聖杯騎士

足以改變人生方向的感動

你正在尋求著會動搖情感、令人衝擊的某種邂逅。可以期待的是，那將會是足以改變人生方向的戲劇化發展。或許會令你珍惜至今的價值觀產生一百八十度的轉變，令世界看起來與以往截然不同，而由衷受到感動。

聖杯王后

以毫無矯飾的自己大大地包覆

你想要展現原原本本的自己，希望他人能接納毫無矯飾的內心。為此，你本身也必須成為一個心胸寬闊、器量大的人。成為一名優秀的傾聽者吧，你若能發揮包容力，就能鼓舞他人，並構築起舒適的環境才是。

聖杯國王

以更高處為目標，鍛鍊人性

你正在尋求著會給予自身價值觀重大影響的某種邂逅。也渴望能從尊敬對象或可信任的長輩那裡獲得建言，並藉此朝向比目前更高處邁進。或者是不僅考慮自身利益，也試圖對他人展現溫柔。

寶劍一

想要獲得客觀的角度

你期許自己能盡快斬斷迷惘，希望能擺脫長期模糊不清的狀況，辨明是非。你似乎正以客觀的角度看待事物，並摸索著脫離的道路。即使會伴隨疼痛，也從不考慮逃跑，似乎作好了接受一切的心理準備。

寶劍二

內心尚未作好準備，暫緩作判斷

你正考慮著不倉促下結論、暫緩作出判斷。這是因為你不想讓任何人知道自己的真正想法，也尚未作好認真面對的心理準備。你似乎想對麻煩事視而不見，讓事情自然結束。躲在自己的世界裡，令你感到舒適自在。

寶劍三

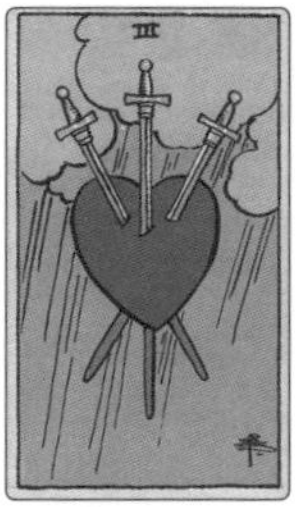

跨越悲傷或痛楚而成長

你在內心某處已經下定決心，為了朝著目標向前衝，遲早得經歷與某種事物別離的體驗。似乎也會擔心遭遇孤立、背叛、產生爭執而感到不安，甚至想經歷這樣的悲傷或痛楚，好讓自己能乾脆地向前邁進。

寶劍四

停止思考，充分休息

你的身心都在哀號著，希望能在某個悠閒的地方好好放鬆、充分休息。若能置身於安靜平穩的空間，讓自己從疲勞中恢復，應該就能再度湧現面對現實的精力。有些內心的聲音，只有在停止思考時才聽得見。

寶劍五

比以往更加了解他人

為了實現心願，你不能只是當個「乖孩子」，有時也必須採取強硬手段或擬定策略。你似乎正以成為能做到這種事的自己為目標。你為此專心一意地觀察人類，不過也必須避免遭受他人怨恨。

寶劍六

準備朝著全新階段出發

你似乎抱持著邁向下一階段的期望，並為了朝著全新階段出發，而開始作起準備。你似乎正在重新檢視自己現在所處的環境。一邊摸索著如何脫離忍耐至今的難受情況，同時明確地看清前方道路。

寶劍七

暗中進行並踏實前進

你不太想將自己心懷的目標公諸於世，為了避免被周遭發現或是讓人擔心，而在暗地裡不斷努力著。另一方面，為了獲得令人滿意的結果，你感覺到擬定策略的必要性。你正在暗中踏實地向前邁進。

寶劍八

隨心所欲地摸索全新人生

你似乎想擺脫圍繞著自己的一切束縛。那不僅是實際受到他人壓抑的環境或狀況，也代表著想擺脫偏見、成見或特定思考方式等獲得自由的想法。你似乎正在摸索著一條不受任何事物束縛的全新道路。

寶劍九

過往的失敗並非詛咒

你心懷著「必須跨越自己累積至今的失敗或恐懼」的想法，同時也很清楚那並不是能夠輕易克服的事。儘管你將這些事視為教訓，卻不該將其視為詛咒。沒有必要受到罪惡感束縛而畏縮。

寶劍十

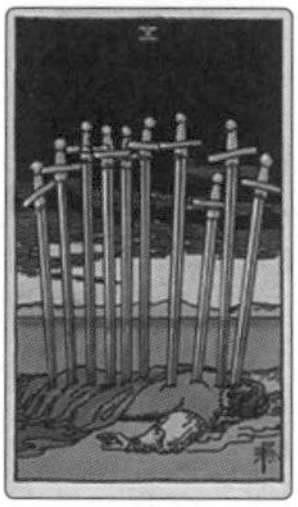

歷經衝擊體驗後找到活路

對你而言，歷經將自己澈底擊潰的衝擊事件，是你內心某處所期望的。在墜落谷底後，要做的就只有下定決心往上爬了。重置一切，從零開始挑戰也是一條道路，任何經驗都能作為學習。

寶劍侍者

想要颳起嶄新的風

你想要擺脫利弊得失，創造出前所未有、嶄新而有趣的點子。為此，你必須努力鍛鍊直覺，不拘泥於規則，與不同世代或其他領域的人多加交流互動。藉由保持年輕的心，活動範圍也能隨之擴展。

寶劍騎士

讓資訊成為友軍，臨機應變地行動

你正打算比以往更加致力於蒐集資訊。為了精確掌握瞬息萬變的狀況、輕易克服因變化造成的混亂，有必要掌控資訊。關鍵在於靈敏行動，親自耳聞目睹許多事物。

寶劍王后

冷靜應對重要場面

你想要不受情感動搖，冷靜地下達判斷。你從過去的經驗中學到了不夾雜私情、以堅決態度面對事物的重要性。而在受到傷害的同時所跨越的一切，也培養出了你的理性。儘管嚴厲，當中仍然存在著愛情。

寶劍國王

成為吸引眾人的理想自我

你崇拜內心堅強的人物，殷切期許自己能成為迅速下決斷、充滿自信地採取行動的人，並為此培養了邏輯思考的能力。正因為你是這樣的人，才能同時做到嚴以律己卻寬以待人。

錢幣一

邁向自己期望的全新人生

你正打算執行保留至今的計畫，踏出具體的第一步。比如說投資或創立事業、與他人構築全新的關係等，充滿了摸索嶄新生活方式的熱情。只要你期望，累積起與以往截然不同的資歷也並非夢想。

錢幣二

一邊享受，同時尋找全新興趣

你雖然珍惜著已經在進展的事物，但也同時尋找著新的興趣。為此，你似乎正在與眾多人物交流互動，且致力於蒐集資訊。你因此十分擅於時間管理，並一邊享受著忙碌的每一天度日。

錢幣三

想受到認可，獲得自信

你的目標是獲得周遭眾人認同，希望至今為止的努力能展現成果，好就現階段獲得實力上的評價。藉由像這樣一點一點地讓眾人認識自己的存在，應能幫助你重拾自信，並湧現邁向下一階段的原動力。

錢幣四

執著於穩定成了膽怯的主因

你想要鞏固守勢以維持穩定的生活，並在心理期望著事態永遠不變。面對積極採取行動或變化，你可能顯得有些膽怯。占有慾會變得比平時強烈，而想將錢儲蓄起來。

錢幣五

悲觀思維是自卑感的表現

對你而言，為了達成目標，付出某些犧牲是必須的，你已經作好心理準備要承受伴隨疼痛的損失。你或許心懷恐懼，擔心今後會失去自信、失去生存價值，而克服這種未來的不安，也是你的目標之一。

錢幣六

在互助中找到豐盛

你愈來愈想與周遭分享、共有自己所擁有的事物，或許也想挑戰主動仰賴他人。你正在從互助而活之中找到豐盛，相信這一定意謂著你的人生階段產生了變化。

錢幣七

要按照自己的步調進行

你至今為止或許有些衝過頭了，現在正想暫時停下腳步，重新審視以往的作法。你似乎將不受周遭動向所影響，以自身步調行事視為目標。無須立刻得出答案，請在自己心裡仔細思考吧！

錢幣八

才華開花結果，更上一層樓

你做著只有自己才能辦到的事，將從現況更上一層樓視為目標。無論是工作還是興趣，你都想沉浸其中鍛鍊技術。因此你或許需要一名指導者般的存在，相信一定能發現連你本身都沒察覺的才華。

位置
1
2
3
4
5
6
7
8
9
10

錢幣九

在舒適的環境裡過著平靜的生活

你希望讓自己置身的場所，無論是自家或職場，都能成為舒適的環境，好過著平靜的生活。你似乎也有想在經濟方面獨立、獨自生活等，想要搬家的想法。這也能視為追求自由的想法表現，同時也呈現了「想實現游刃有餘的生活」的目標。

錢幣十

繼承傳統，傳至未來

你有著想從過去到未來，繼承古老而美好事物的意識。那不僅是遺產或財富等肉眼可見的事物，還包括了傳統、家庭羈絆、價值觀或思考方式等。你對於這些事物產生的責任感，或許正變得愈來愈強。

錢幣侍者

想要活用機會發揮力量

你想要在重要場合上活用機會。行動靈敏、面對該做的事全力以赴、關鍵時刻受到周遭仰賴——你的目標似乎是成為這樣的存在。全心全意地投入的模樣，會帶動周遭的人也變得積極進取。

錢幣騎士

穩健地努力，踏實地展現成果

你很清楚腳踏實地且有耐性地持續努力，就會獲得成果。在占卜的主題上，你有著絕對不想失敗、一定要手到擒來的想法。為此，你並非一蹴可幾地追求結果，而是以棋子能踏實地前進作為目標。

錢幣王后

人生得以富足而健全地前進

你正努力展現沉穩而深情的行為。藉由保持內心穩定，可以維持健全的人際關係。這會讓你朝著想達成的目標前進時，更容易獲得協助。雖然不需要凡事思考利弊得失，但為了讓人生順利前進，這仍是很重要的。

錢幣國王

隨著成功也承擔責任

沒有覺悟便無法明確說出「我想要獲得地位及名聲，成為所謂人生勝利者的存在」這番話來。「權力」一詞聽起來或許誇張，但所有力量都會伴隨責任。你應該具備了足夠的氣量，能承擔包含責任在內的幸福，請抱持自信。

如何解讀「逆位」？

我經常會聽到塔羅牌初學者表示，很難解讀「逆位」。

從占卜者的角度來看，塔羅牌圖案上下正確呈現的狀態稱為「正位」，圖案上下顛倒呈現的狀態則稱為「逆位」。而有許多塔羅牌占卜書上會提到「牌面涵義會隨著正位與逆位而不同」。

然而，逆位的牌面涵義會與正位完全相反嗎？抑或是，在解讀牌義的方式上必須與正位的斟酌方式不同呢？還是說……有許多人愈是認真思考，就愈容易感到煩惱吧！

基本上，本書並沒有區分正逆位。這是因為我認為塔羅牌本身所引發的靈感比牌面方向更為重要。重點在於仔細傾聽塔羅牌所訴說的聲音，鍛鍊接收其涵義的感覺。所以，如果你認為區分正逆位更容易解讀涵義，當然也無妨。塔羅牌是自由的。

順帶一提，若是追溯塔羅牌的歷史可以得知，塔羅牌之所以會區分正逆位的牌面涵義，應該是因為在塔羅牌張數比現在還少的時代，區分正逆更能從較少的張數中解讀出各式各樣的涵義。也就是在有所限制的情況下，為了拓展想像力及意象，才有了採用逆位的必要。既然如此，生活在現代的我們為了讓自己能夠更正確地解析，是否也可以自由選擇究竟是否要區分正逆位呢？你得以豐富地拓展你的靈感一事，與充實的塔羅牌解析息息相關。

POSITION

4

原因

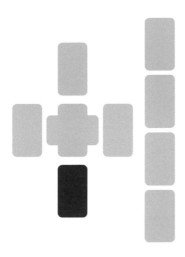

4 原因的位置代表的內容

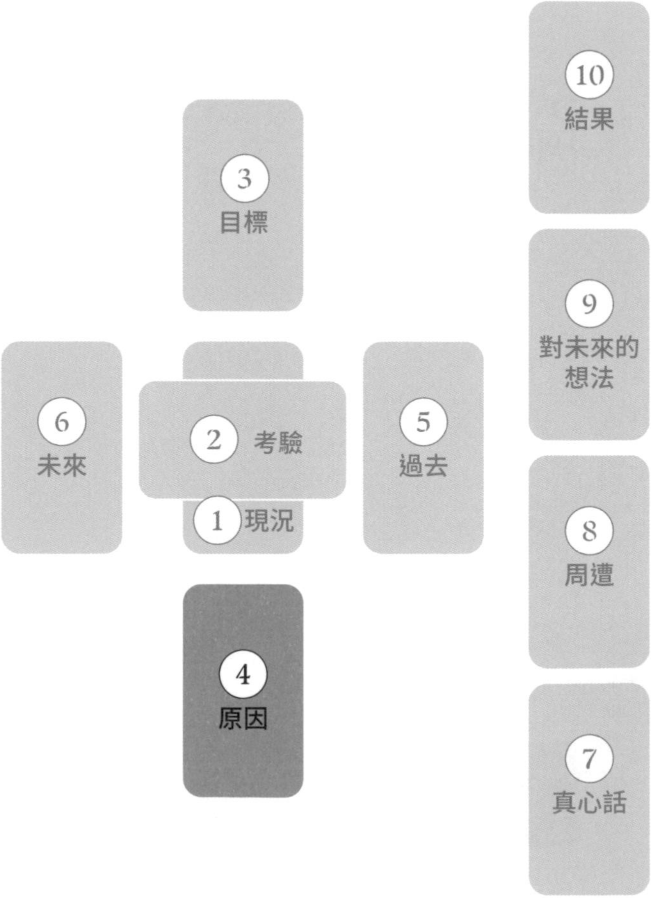

Hint 1

目前遭遇問題的原因

追根究柢，你為什麼會遭遇這項煩惱……這個位置就是用來解讀其原因的。出現在這裡的塔羅牌所象徵的事件或體驗，或許就是令你遭遇煩惱的契機。出現的是一張負面涵義的牌時還容易解讀，但當出現正面涵義的牌時，有時也可以解釋成適得其反、驕傲自滿。

Hint 2

亦代表問題深處的思考習慣

儘管你對「我正在煩惱這個問題」一事有所自覺，或許卻搞不清楚自己「為什麼會被這個問題困住」。煩惱的根源很有可能隱藏著更深的問題，比如說長時間形成的思考模式、價值觀或依賴成癮等。只要靠出現在〈④原因〉位置上的牌來闡明，應該就能找到突破現況的關鍵。

Hint 3

解讀原因的訣竅

這個位置與〈③目標〉是成對的。如果說出現在〈③目標〉的塔羅牌顯示的是你今後應該前進的方向，出現在〈④原因〉的牌顯示的則是你至今為止所做過的事或走過的道路。透過這兩張塔羅牌，應該能看出你從哪裡來，又要往何處去。儘管是乍看之下毫無關聯的牌，應該也能察覺到某些事物。

4

原因

出現的是……

在你遭遇目前煩惱的
原因當中
比起表面上所意識到的煩惱
或許其實還隱藏了更深的事物
在不知不覺間
稱作障礙的無名絲線
可能束縛了你
就來釐清看看
令你感到煩惱的
真正原因為何

MAJOR ARCANA

0 愚者

沒有根據的自信與毫無計畫的行動

你似乎抱持著沒有根據的自信，相信「事情遲早會有辦法解決」。因此，你常會在尚未統整好想法前就採取行動，或是在並未擬定縝密計畫之前就倉促行事。可能是因為你對態度的幼稚堅持，導致了目前的狀況。

1 魔術師

容易做出意料之外的行動

你非常精明，充滿點子，過去也曾獲得成功。但同樣的模式未必永遠行得通，你也必須思考該如何將點子應用於現況中。此刻該思考你本身的技能或精明的功過了。

2 女祭司

對問題的原因視而不見

你現在應該察覺了哪裡有問題，腦中十分理解「就是因為這個緣故」，但你絕不會對外公布此事。因為你明白如果不將它藏在心中，就會傷害自己。因此你從問題本身移開視線，並避免去思考。

3 女皇

不想走出舒適圈

目前的狀況是雖然有些問題，卻處於非常舒適的狀態。令你下意識地期望「永遠維持現狀」而不想走出來。此外還有著十分包容放縱你的環境，這令你儘管想解決問題，也會抗拒有所改變。

4 皇帝

想掌握實權決定一切

你非常強烈地想自己掌握實權、處於事物中心決定一切。因此你不願聽取周遭建言，凡事都專斷獨行。此外，你也有著「自己被允許那麼做」、「自己有足以統籌的實力」的自負。

5 教皇

對自己的決定感到不安

你此時正試圖忠實地遵守他人給予的建言。那項建言是基於過往的前例，未必完全符合你的現況。然而你對毫無前例感到不安，除非有人已經執行過，否則你無法採取行動。

位置
1
2
3
4
5
6
7
8
9
10

6 戀人

在兩個答案之間猶豫不決

你似乎獲得了兩個選擇。然而為了實現心願，或許非得捨棄其中一方不可。但你不想失去任何一方，因此難以抉擇，煩惱不已。如果可以，你應該魚與熊掌都想兼得吧！

7 戰車

總之希望狀況盡快有所進展

你相當重視速度感，總覺得動作如果不快一點，一切就會泡湯，因而感到非常焦躁。總而言之，你很希望目前的狀況盡快有所行動、進展，而無法思考除此之外的事，甚至想要踢開任何礙事的人。

8 力量

壓抑自己的真正想法而勉強自己

你或許正在壓抑真正的想法並勉強著自己。似乎無視了自己「其實想這麼做」的心情，無可奈何地採取行動。你正處於運用強大意志與理性的力量控制著本能的狀態。精神上目前雖然還游刃有餘，但不知道何時會爆炸。

9 隱士

試圖遵循腦中的答案

此刻在你腦中似乎已經準備好了答案。你過度執著於那個答案，以致於不去思考其他可能性。認為自己是個明白事理的人，而不聽取周遭的意見。你打算仔細思考，並找出能令自己接受的答案。

10 命運之輪

等待好運主動降臨

你似乎打算將這個問題的命運託付給偶然的機會。只要等待，好運就會降臨，改變現況——你正期待著這樣的發展。然而現實卻無法順心如意，你只是在一味地等待好運到來。

11 正義

考慮得失，冷靜而透澈地下判斷

你試圖保持一切事物的平衡。比如說對自己而言有益則去做，無益則打住不做。而在可能導致結果不公正的情況下，你則認為不值得採取行動。有時甚至會作出冷靜而透澈的判斷也說不定。

12 吊人

什麼也辦不到，只能忍耐

你正處於想脫離現況而掙扎的狀態。或許實際上什麼也辦不到，因而強烈體認到自己的無力；抑或是你覺得自己有所犧牲的想法導致了目前的狀況。你是否也有一種「我明明付出了這麼多」而悶悶不樂的感覺呢？

13 死神

捨棄的決心、結束的決心

造成目前狀況的遠因，在於過去「結束」的經驗。你是如何走出失去事物的難受經歷呢？還是說你並未走出來，而是一直難以忘懷呢？此刻或許是你再次審視人生中一大「句點」的時機。

位置
1
2
3
4
5
6
7
8
9
10

14 節制

壓抑情感並加以妥協

你正處於儘管是難以接受的事，也被迫要接受的狀態。覺得「沒有辦法」的意識與感到厭惡的情感似乎正在對抗著。對你而言，目前的狀況或許是妥協下的結果，現況或許是成立於你所妥協的那絕妙平衡之上。

15 惡魔

自我否定與逃避的誘惑

問題的原因在於你如何面對自己的「陰影」面。你是否確實面對了自己不想看的那一面？還是找藉口試圖推卸責任呢？任何人的心裡都存在著「惡魔」，關鍵在於如何與惡魔為友、能否與之共存。

16 高塔

情況惡化得超乎預期

過去應該發生過過完全出乎你預期、無視意願的意外或事件。由於事情發生得太過突然，令你留下強烈的衝擊。或許因此被排除在外，令你至今仍心存動搖，但這也代表著你現在有多大程度的自由。

17 星星

追尋專屬於你的崇高理想

問題的原因在於崇高而純粹的理想。儘管妥協或許比較快，但初衷還是很重要的。如何將最初存在於你心裡，與這個主題相關的純粹冀望，與現在及今後的你相連結，會是你最重要的課題。

18 月亮

不切實際的妄想占據內心

你在這個問題上，有著很強烈的死心眼傾向。比如說試圖實現不切實際的願望，或尋求著不可能獲得的事物。每當事情進展得不順利時，你或許就會一再地感到不安；也有容易受負面妄想占據的一面。

19 太陽

充滿能量，渴望成功

你過去曾站在聚光燈下，或是希望踏上幕前的想法，成了煩惱的遠因。你想要重拾往日的輝煌，還是追尋未知的舞臺呢？課題在於你如何讓這份想法具體呈現。此外，孩提時代發生的事也可能是原因。

20 審判

呼喚著你的靈感

在你心裡曾有過強烈的靈光閃現嗎？毫無道理地產生「這就是我現在該做的事」、「現在正是時候」這樣的直覺，那個聲音正引導著現在的你。抑或是經歷過好幾次重振旗鼓或重生的體驗，如今都成了你的心靈支柱。

21 世界

感到滿足而處於不動的狀態

你或許曾有過「已經足夠」的想法，經歷過好歹得以滿足的狀況。而你現在是想重新體驗一次，抑或是並不想為了前進而打破現況呢？無論如何，堅持而固守現況，似乎與這個問題的根本原因有所關聯。

權杖一

難以壓抑熱切衝動

你充滿幹勁，心癢難耐地想挑戰某些事物。充沛精力不需多說，也有滿腔熱情。沒人能夠阻止這樣的你。你會不會難以控制自身湧現的熱切衝動呢？存在於內心深處的岩漿正是你的課題。

權杖二

觀望狀況判斷該如何行動

你小心謹慎地觀察周遭的表態，處於正在觀望自己該如何行動的狀態。你似乎還在猶豫該不該大膽地邁出那一步。到底是就這樣等待狀況產生變化，還是總之採取行動的猶豫不決，以及希望他人能設法處理的淡淡期待，皆是造成問題的原因。

權杖三

想要獲得重大成功

事情進展地還算順利，令你有種告一段落的感覺。但你的目光看向了更遠的前方，期待著今後的事態能夠一口氣好轉。而你為此所採取的行動、為了獲得全新事物的野心，於好於壞都是問題的原因。

權杖四

在微小幸福中尋求穩定

無論是想採取某些行動、尋求變化，或是儘管處於自己現在必須有所改變的狀況下，你其實都希望自己能安於現狀。眼前的微小幸福似乎令你頗為滿足，而目前的舒適感及其極限，正是造成當前問題的原因之一。

權杖五

進展不順利而遷怒周遭

努力卻沒有展現成果，令你感到氣憤。「我明明這麼努力了，為什麼？」的想法充斥了整個腦海，也會因為憤怒至極而忘我地遷怒周遭。這正是使事態愈發惡化的原因，也導致了你目前的狀況。

權杖六

想受到他人認同，獲得成功

你目前正沉浸於滿足感中。受到稱讚、獲得表揚、接觸到不可高攀的人物——這是肉眼可見的明確成功。確實獲得眾人認同的過往經驗，或是強烈尋求同樣體驗的心情，其實反而導致了目前的狀況。

權杖七

為了維持現況，競爭在所難免

你正為了維持現況而拚命地努力著。你有著無論如何都必須停留在此處的理由。你是否認為為了守護目前的立場或地位，即使得與對手展開競爭也在所難免呢？正是這樣的態度導致了現在的問題。

權杖八

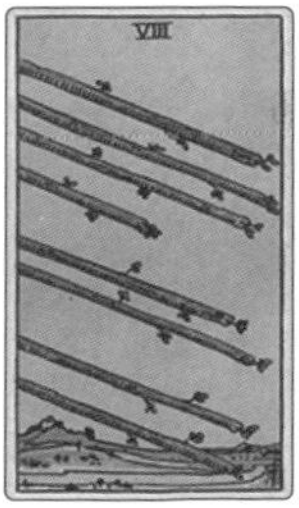

面臨急速發展而難以冷靜

事態正面臨急速發展，並逼得你必須立刻作出決定。如果不想讓問題久拖下去，反而值得慶幸目前的走勢。你雖然想花時間謹慎思考，但狀況並不允許，似乎令你陷入痛苦的狀態。而另一方面，你也想早日作個了斷。

權杖九

下定決心，迎接最後階段

你現在正顯得多疑，儘管看得見通往目標的路線，卻認為「真的這樣就行了嗎？」而變得小心謹慎。此外，你應該也已經下定決心，抱好做到最後的覺悟了。目前仍處於緊張狀態，於好於壞，這種繃緊的狀態都正在對現況造成影響。

權杖十

面臨極限的痛苦狀況

你的身心似乎正因超乎想像的沉重壓力而哀號著。這問題對目前的你而言力有未逮，而你不想承認這點，一再勉強努力，把自己逼入了困境。這份疲勞則成了導致目前面臨這項問題的原因之一。

權杖侍者

對於初次邂逅抱持著期待

有著新的邂逅、聽說最新資訊等令人感到內心悸動的事物，隱藏在問題背後。你或許會覺得「這份變化正是突破現況的契機」。而這份對全新發展的期待感，導致了目前問題的某些情況。那究竟是怎樣的悸動呢？

權杖騎士

難以處理力量而順應氣勢

能量從你體內湧現，令你不由得採取行動。現在的你無所畏懼，這讓你隨心所欲地行動、奮勇前進著。而你如此強而有力的行動，使問題產生了變化。試圖以氣勢解決事情的態度，也直接導致問題的發生。

權杖王后

深情地與周遭人們接觸

你毫不吝惜地對周遭投注著愛情。然而，關照眾人的結果，反而令你延遲了自己的事情。此外，由於高度自尊心而令你難以開口向周遭求助，這樣的狀況也導致了問題發生。懂得展現原本的自己也是很重要的。

權杖國王

儘管面臨考驗也不認輸

你是個充滿自信，會正面迎戰各種考驗的人。倒不如說，狀況愈是不利，愈會燃起你的鬥志。你會刻意將自己置於困境，以嘗試自己的能力。這份強大的能量或許能支撐目前的狀況(或是造成問題)。

聖杯一

心懷難以壓抑的強烈意念

邂逅了你所在意的人物或令你心動的存在，並沉迷其中。或許你無論是睡著還是醒著時，滿腦子都只有那件事，因此能否解決問題就顯得是次要的。此外，你也抱持著「這次邂逅或許會成為改善狀況的契機」這樣的期待。

聖杯二

與夥伴之間關係良好

你似乎與工作或興趣上的夥伴或男女友之間，建立起了平等的關係。這令你有種彼此心靈相通，只要同心協力，任何困難都能克服的心情。而另一方面，似乎也會感覺到「絕對不能背叛」、「必須回應期待」的壓力。

聖杯三

團結一心，意見一致

你與周遭眾人的步調一致，面對問題決定好了應當前進的方向，也與對象談妥了意見。建立完善的合作體制，令你很有安全感，認為儘管碰壁也不是孤單一人。相反地，你似乎也會因為無法依照一己之意作決定而稍嫌不滿。

聖杯四

慣性的每一天，缺乏朝氣的狀態

你正處於缺乏朝氣、對事物不感興趣的情況。變得靠著慣性處理事物，只是草草處理完事而已。你無論看到何種事物都感受不到魅力，幹勁一落千丈，或許已經完全燃燒殆盡了。這點在不知不覺間，成了眼前問題的遠因之一。

聖杯五

比起失敗，更關注持續至今的可能性

針對該問題，你或許曾經深感失望。可能因此沉浸在悲觀情緒中，認為無論怎麼做都無法順利。不要只專注於過往的失望、幻滅，那些經驗也存在著替你加分的另一面。應該還有挽回的餘地才是。

聖杯六

不正視現實，只追求夢想

你是否有逃避現實的習慣呢？你或許正追尋著根本無法實現的夢想，而逃避了眼前的問題。此外，你也習慣對已結束之事依戀不捨，總是回首往事。是否因為不由自主沉浸在有別於現實的夢想世界裡，才導致了目前的問題呢？有必要捫心自問。

聖杯七

因選項過多而猶豫不定

雖然看似有複數個選項，事實上每個選項都與現實相去甚遠。儘管看似有Ａ、Ｂ、Ｃ計畫，但你可能從未正視過任何一項。不致力於現實面一事，似乎導致了目前的問題。

聖杯八

從放手的束縛或執著中學習

你放手了重要的緣分或事物，或是你非常不甘願放手，兩者其中之一是造成問題的原因。根據你在思考的是「讓大魚給逃了」，抑或是認為此舉是必要的「畢業」，會令這項經驗的意義有著重大改變。

聖杯九

獲得想要的事物

你現在已實現心願，獲得了想要的事物。事情應該正在按照計畫進行，並達成你的目標。只不過，你似乎滿足於這樣的現況，而失去了進一步成長的想法。因此你才遲遲無法解決目前面臨的問題。

聖杯十

滿足而幸福的每一天

你現在正處於好運的浪潮上。基本上，你應該已經獲得了所期望的事物吧？精神方面也相當富足，理應沒有任何不滿。然而，這或許反而令你心想「這份幸福能夠持續到何時？」「我是否受騙上當了？」而感到不安。

聖杯侍者

初體驗令人心跳加速

你遇上至今為止從未經歷過的事，正因不知該如何處理而迷惘。然而，你並非全然地感到不安，還感受到了前所未有的喜悅。由於是頭一次挑戰，失敗也是理所當然。但你似乎極為畏懼失敗，而容易因此受到傷害。

聖杯騎士

期待著浪漫發展

你會在內心描繪著如同美好小說般的浪漫發展。然而，你總是在作白日夢，卻沒採取什麼具體行動。似乎沉浸於幻想之中，不太會正視現實。此外，認為對方會主動出擊的淡淡期待，也對目前的問題造成了影響。

聖杯王后

成為精神支柱般的人物

在目前問題的背後，有著溫柔而充滿包容力的女性化人物的影響。受到那個人的溫暖環繞，你應該能安心地放鬆下來。然而也帶來了負面影響，會削弱你獨自面對全新狀況的勇氣。

聖杯國王

充滿愛的指導開闢道路

你是否獲得了既寬宏大量卻也十分嚴厲之人的幫助？你或許受到了對方的重大影響，而得以重新思考：「我至今為止的作法是正確的嗎？」同時，你過於依賴對方也是個問題。

寶劍一

面對強大力量，與之交鋒的經驗

你或許正在面對龐大的力量，幾乎屈服或是已經不得不屈服了。這份對你有重大影響的體驗，是否導致了現況？不過，你體內也擁有同樣的強大力量。能面對強大力量的人，本身也具備了同樣的強悍，要有自信。

寶劍二

對真相視而不見

你似乎正處於左右為難，難以下決定的狀況。或許會隱藏起真正的想法，對真相視而不見。表面上看來，你似乎正在努力解決問題。然而，實際情況顯然是矛盾的，且可能也是問題的原因之一。

寶劍三

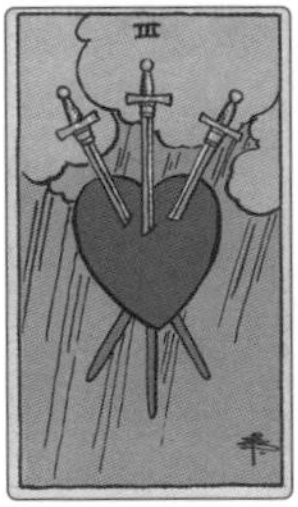

難以避免的離別令人感到悲傷

人生中總會發生令人悲傷難受的事件，沒有人不會因為離別或背叛而感到心碎。對現在的你而言，當時的悲傷以某種形式對現況造成了強烈影響。因此關鍵在於你要如何面對並接納這份悲傷。

寶劍四

內心的平靜帶來下一個可能性

你應該有過令忙碌地動個不停的大腦暫時休息，獲得內心安詳的機會。這或許會令你試圖再度取回那份平靜，或試著與忙碌保持一點距離。在你心中存在著「內在的平靜」，有必要重新審視一遍。

寶劍五

傲慢會傷害到人

你似乎在不知不覺間變得傲慢起來，且沒有意識到自己因此傷害了他人。你錯誤的驕傲，也是造成他人怨恨或招致敵意的原因。現在要確定自己的勝利還為之過早，你內在的攻擊性會對問題造成影響。

寶劍六

想要逃離痛苦的現況

你現在很想逃離麻煩事，或希望礙事者消失。你並不打算面對自己，而導致問題遲遲無法解決。對你而言，第一優先或許是消除壓力。為此，你甚至可能認為即使拋棄現在的容身之處也無妨。

寶劍七

想要暗中行動，搶先下手

你在不被發現的情況下巧妙周旋，試圖搶先對手一步的結果，導致了目前的狀況。說好聽點是暗自努力，卻因此讓自己無法多找人商量，得獨自扛起問題。或許也會因此被周遭的人認為你表裡不一。

寶劍八

上當而遭到孤立

你或許會覺得「周遭全是敵人」。在看不見出口的情況下，你會固執己見而不願聽取他人的意見，並且充滿「我上當了」、「我沒有錯」的想法。請重新審視你是不是在自我欺騙！

位置
1
2
3
4
5
6
7
8
9
10

寶劍九

受到罪惡感與不安感糾纏

你未能擺脫過去的惡夢，成了導致目前狀況的原因。你為自己做過的事心懷罪惡感，畏懼這次是否也會失敗而不安。而且你似乎也有些同情這樣的自己，認為「我真是可憐啊」。

寶劍十

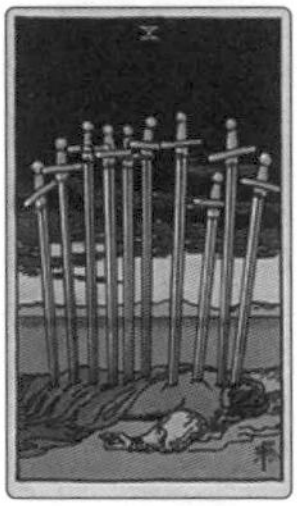

切身體會到完全的結束

在你內心深處，有事情不如做個結束的感覺。你現在正因澈底敗北，而切身體會到自己目前正處於谷底，並且認為一切都已經結束，乾脆地凋零吧！然而若要浴火重生，這份災厄對你而言是必須的，狀況將從這裡開始變化。

寶劍侍者

浮現嶄新的點子

在你的腦海中正接二連三地浮現全新的點子，那是會打破既有思考模式的嶄新內容。因此你可能期待著今後的狀況能變得對自己有利。而這份期待與自滿，導致了目前問題的某些情況。

寶劍騎士

因突發狀況而陷入混亂

預料之外的發展令你陷入混亂之中。你應該正焦急地想盡快應對處理，必須立刻採取行動，且為了掌握目前究竟發生了什麼事，不容分說地開始蒐集情報。你匆促地轉動頭腦採取的行動，正是導致目前問題的背後根源。

寶劍王后

克服悲傷成長之時

似乎有個客觀到冷靜透澈的人物存在。那是你本身嗎？抑或是你周遭的某個人？似乎是這個人的言行舉止導致了目前的問題。你需要這份冷靜來改變狀況，別對此抱持罪惡感或怨恨，畢竟總是需要有個人拔出名為無情的劍。

寶劍國王

確定自己所說的是正確言論

你現在應該抱持著確定「這是正確言論」的想法，因此會對周遭強烈主張自己的意見，而且打算不容分說地執行自己的決定。你的意見充滿邏輯，毫無破綻，但確定「自己是正確的」那份自信則是問題的根源。

錢幣一

經濟或物質或許存在於問題的根源

經濟面或物質面上的狀況，是目前問題的原因之一。你或許沒有充分的資金或資源來實現夢想或計畫。狀況雖不差，但尚未有肉眼可見的具體成果，因此你無法安心。不過這項計畫前途無量，只要不急於求成，穩扎穩打地前進就沒有問題。

錢幣二

運作有限的時間與金錢

沒有游刃有餘的時間或金錢一事，隱藏在問題的背後。正因為事物開始進行且步上軌道，才更需要花費時間與金錢。既然已經開始行動，就再也無法停止。因此你忙於運作時間及金錢，持續著走鋼索的狀態，這就是問題的原因之一。

錢幣三

雖然展現成果，但問題從此開始

你已經從周遭獲得了你所期待的評價，由於至今為止認真努力，讓你已經接近了目標。然而，你僅是突破了第一道關卡，也意識到問題依然堆積如山。你為了跨越這項困境，而強烈渴望著力量，這成了問題的主因之一。

錢幣四

不想改動穩定狀況

面對目前面臨的問題，你正在猶豫是否該深入參與其中。儘管有些許令人不安的要素，但你並不想改動穩定的現況。此外，你也預見若是草率採取攻勢，自己反而會吃虧。若想獲得成功，總會伴隨著一些犧牲，你畏懼冒險的心是問題的根源。

錢幣五

暗中抱持著物質方面的匱乏感

你至今為止似乎曾失去些什麼，或是因為沒有金錢或時間而放棄了什麼。這份經驗令目前的狀況蒙上一層陰影。但過去是過去，現在是現在，只要專注於你現在能辦到的事、可能實現的事、著手進行的事，藉由全新的視角協助，就能向前邁進。

錢幣六

想為了他人出手相助

你從前接受或賦予過他人的善意，或許正是造成目前問題的根基。你為他人做過的事有可能輾轉回到你身邊來。試著重新思考「恩情」與「愛情」會如何纏繞住你並形成迴路，問題就會成為從另一個角度檢視的提示。

錢幣七

逐漸失去上進心

你似乎正面臨低潮，凡事都處於休息片刻的狀態。你正感到猶豫不決，不確定究竟該就此停留，還是繼續前進。此外，也有部分原因是你滿足於目前身處的現況。「只要是一如往常的結果即可」這樣的想法，似乎是造成目前停滯期的原因。

錢幣八

獲得成就感 並想進一步成長

你的才華受到周遭認同，並獲得龐大的成就感。因此正考慮著更加努力累積、提升技能。不過也有部分原因是你會心想「這是唯有自己才能辦到的事」而扛了過多的責任。你當然是必要的人物，但不必因此勉強自己。

錢幣九

享受獨處的時光

你目前在精神上或物質上似乎都顯得游刃有餘，而且很享受獨處的時光。因此你感覺不到早日解決自己面臨的問題之必要性。你內心的平靜成了當前狀況的根基，且往往導致你感到驕傲自滿，而對問題造成影響。

錢幣十

繼承某些重要的事物

你從家人或親戚手上繼承了某些重要的事物，那既是共同財產，也是生存至今的證明。你雖然感到高興，但另一方面也感到困惑，不確定該如何處理，或是否真的適合收下。而這份有形無形的財產，似乎掌握了問題的關鍵。

錢幣侍者

接下任務並全力以赴

目前有個重要機會就在你的眼前，由於對方表示「這份任務非你莫屬」，令你下定決心全心全意地投入。然而你也意識到自己的能力或魅力依然不足，因此正謹慎地思考著「我必須小心翼翼地進行」。

錢幣騎士

極有耐性地等待好機會

你目前面臨需要忍耐的時期。原本以為馬上就能獲得結果，卻耗費了出乎意料的漫長時間。然而也可以說，你擁有足以認真努力的時間。只要一步一步、腳踏實地地前進，就能確實地接近終點，話雖如此，千萬不能在體力上過於勉強。

錢幣王后

準備不足
是導致停滯的原因

你目前已經無法光靠一時興起而採取的行動或奇特的點子，來突破現況了。請確實作好準備，準備好必須的儲蓄吧！此外，無論面臨任何問題，首先都得保持自己的健康才能跨越，請注意照顧身體。

錢幣國王

立場產生變化，
隨之肩負責任

你的立場與以往有所改變，無論是肩負的責任或來自周遭的期待都變重許多。然而，你似乎仍以過往的風格在應對，沒有加以調整。結果導致你以往能解決的事，現在卻無法解決，因而陷入了目前的狀況之中。

覺得凱爾特十字法有難度時……

雖然想試著仔細解讀塔羅牌，但要一口氣解析十張牌實在太困難了……如果你會這麼覺得，推薦你先試著挑戰只需使用兩張塔羅牌來占卜的「簡易十字牌陣」。簡易十字牌陣是將凱爾特十字法縮減至極致的精簡版。非常簡單，也因此不會受到多餘的資訊所迷惑，而能明確地導出問題的答案。此外，也是一種正因為塔羅牌張數很少，而非常需要想像力的牌陣。如果覺得一開始就使用凱爾特十字法占卜的門檻過高，先試著用這種牌陣練習看看如何？相信你一定能掌握訣竅。

【簡易十字牌陣的展開位置所代表的意義】

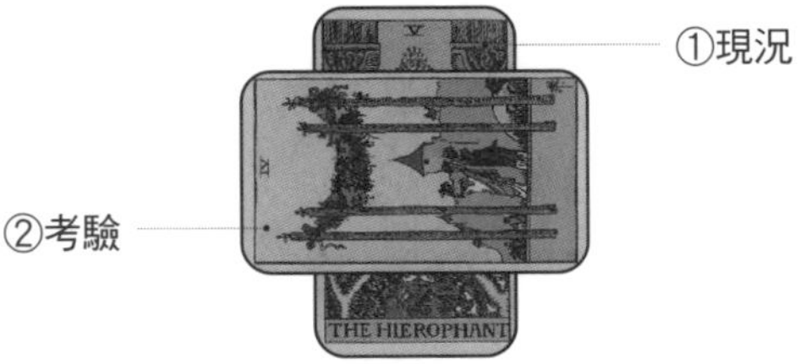

①現況

代表你目前所處的狀況。這個位置暗示了目前發生在你身上的事、心理狀態、問題的狀況等。

②考驗

代表妨礙你出現在「①現況」的事物，或阻擋了去路的事物。從這個位置可以解讀出阻止你腳步的事物，或是你該跨越的事物為何。

POSITION

5

過去

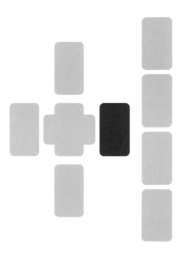

5 過去的位置代表的內容

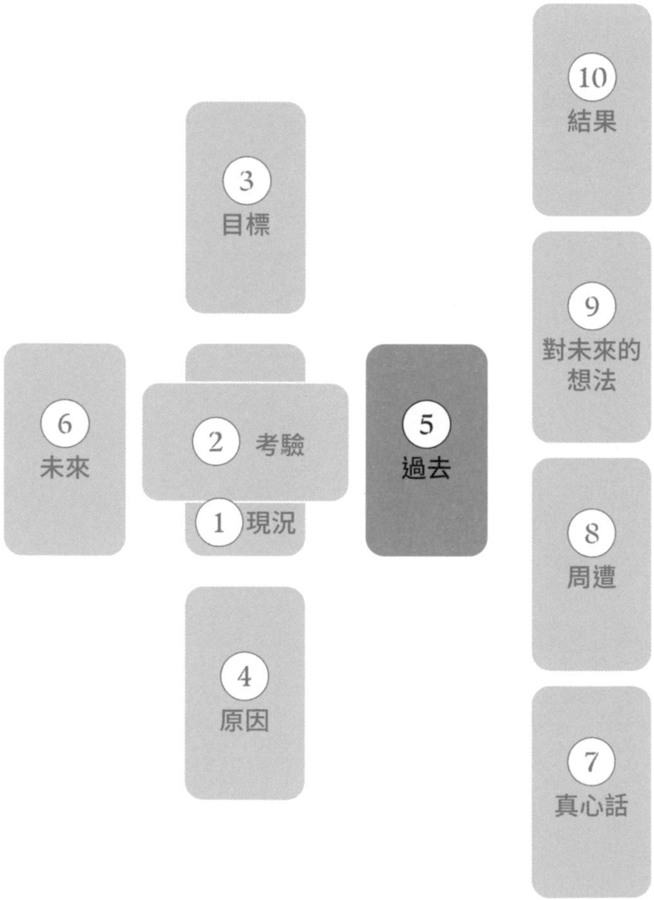

Hint 1

不久前發生的事

出現在這個位置的塔羅牌，可解讀成不久前發生、作為問題關鍵的事情。當你在過去做出某些選擇時，或許什麼也沒感覺到。然而那可能會如蝴蝶效應(一件細微小事在歷經幾度流轉後，演變成重大動向)般造成影響。從塔羅牌中解讀問題起點的事件究竟為何吧！

Hint 2

可透過重新回想往事得知的內容

以往究竟發生過什麼事？試著從其他角度重新回想你描繪過的故事，讓光芒再次照耀至今為止的歷程，就是你能透過這個位置獲得最重要的洞察。你可能會覺得，已經發生的事還有解讀的必要嗎？不過，過去反而更容易隱藏著你所追求事物的提示。

Hint 3

解讀過去的訣竅

出現在〈⑤過去〉的塔羅牌，與出現在〈⑥未來〉的牌息息相關，至少人們會根據過去的經驗來選擇未來。試著尋找出現在過去與未來這兩個位置的塔羅牌有何共同處，或許就能看出自己的行動模式或容易陷入的傾向，請試著仔細觀察看看。此外，這也很容易與〈④原因〉有所關聯，請務必試著尋找聯繫。

—⑤—

過去

出現的是……

你在過去所體驗的每一件事
累積下來就成為「現在」
發生在你身邊的
所有邂逅或離別
成功或失敗
或許並沒有
毫無意義的事
無論是快樂或悲傷的事
全都會成為未來的食糧

MAJOR ARCANA

0 愚者

一切從零開始

現在回想起來，過去的你可說是不知恐懼為何物，無所畏懼，以純白如新的心踏出了第一步。並無計畫也沒有完備的環境，即使如此，你仍體驗了展開某些事物的感覺。你不受任何事物束縛，有無限可能性在目的地擴展開來。

1 魔術師

嘗試不同以往的作法

歷經反覆試驗嘗試後，你似乎發現了「只要這麼做就能順利」的法則。總算掌握了訣竅並因應狀況學會了作法後，你應該採取了行動。而獲得機會或成功的可能性，讓你堅信只要採用不同於以往的作法就行得通。

2 女祭司

隱藏的真相出現在你眼前

你應該已經憑直覺發現了隱藏在問題深處的真相，沒人肯告訴你的祕密總算現身。然而，你或許會湧現想要再次掩蓋並隱藏真相的想法，只因為那與你的期望相悖。

3 女皇

在受眷顧的環境中感到滿足的狀態

你過去身處於受到眷顧的環境中，並感到十分滿足。無論是物質上或精神上都十分富足，重要的人也在身邊，令你毫無不滿。此外，你至今為止的努力也順利獲得回報，可以鬆一口氣了。獲得相應的代價，令你感到放心至極。

4 皇帝

誇耀自己的力量並感到滿足

你似乎已經訴諸實力來達成自己的願望，而且或許在一定程度上獲得理想的結果，因此感到滿足。你一定會想「幸好我沒有受到周遭聲音的左右」、「沒有改變自己的意見是正確的」。過去似乎有發揮強大領導能力的機會。

5 教皇

值得信任的人物為你指引道路

是否出現了值得信任的人物，令你感到非常放心？你應該會覺得只要遵從那個人的建議就不會有問題，而對那個人深感信任。這並不僅限於實際人物，也可能是歷史人物或某部作品中的登場人物，賦予你精神支持的「哲學」存在為何呢？

6 戀人

引導著你的「喜歡」的力量

如果僅靠合理的判斷，人生是不會前進的。沒有道理的「喜歡」這份心意(Eros)才是人生的原動力。面對艱難的選擇時，你是否曾以「喜歡」，而非以算計為基準？對人事物的愛戀經驗，似乎造就了現在的你。

7 戰車

迅速行動致使有利的狀況

你是否曾因迅速行動贏得有利的立場呢？若是拖拖拉拉的，應該只會被場合的氛圍牽著鼻子走。你的身體在開始思考前就先一步動了起來，回過神來已經演變成如此了——就是這樣的狀態。你過去是否有這樣的經驗？這或許也暗示了旅行或移動。

8 力量

靜默但確實累積至今的努力

你至今為止一直故作平靜地暗中累積著努力。你有強大的自制力，抑或是曾高明地處理好周遭的麻煩人物或狀況。你至今為止都以比自己所想得還堅強的意志力，在面對現實。

9 隱士

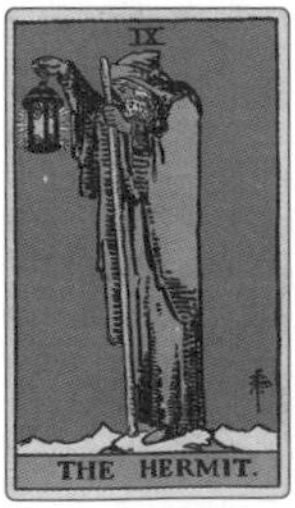

深思熟慮，找出屬於自己的正確答案

你應該冷靜下來好好面對問題，並在歷經深思熟慮後，得出能令人接受的答案。你有時或許會顯得與周遭格格不入，或是受到孤立，還是你刻意隔絕了周遭的雜音？而你從那段「獨處」的時光中學習到了什麼呢？

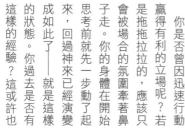

10 命運之輪

機會到來，身邊發生劇烈變化

機會到來，而你周遭的狀況正以令人眼花撩亂的速度改變著。其中或許也有一些你並不期待的變化。儘管如此，現況還是大幅地產生了改變，甚至令人感到幸運。而你是如何接納並應對這份重大變化的呢？

11 正義

導正不公平的勇敢行動

你總是不流於情感，冷靜作出判斷，並因此贏得周遭的信任。當你鼓起勇氣向對方表達意見，明確告知「這是有問題的」，你的雙腳或許正在顫抖著。不過，事物一如預期地進展，應該令你察覺了貫徹自身正義的重要性。

12 吊人

懸在半空中動彈不得的情況

你可能曾陷入某種所謂二律背反的狀況，倘若一方成立，另一方就無法成立。儘管試圖移動，卻也不知道該往哪裡走才好而找不到方向。抑或是你會覺得自己正被迫自我犧牲。你是如何度過這種痛苦難受的情況呢？

13 死神

一個循環迎接結束

你似乎迎接了一個循環的結束，比如說工作上獲得一定的成果，或是與情人分手等。投注熱情至今的事物消失，或許會令你感覺到自己變得有如空殼子。而另一方面，你應該也正在轉念與過去的回憶訣別，邁出全新的一步。

14 節制

解除對立，事物變得圓滑

你與曾經對立的人和解，或是將兩種事物統整為一種等，藉此整理整頓了身邊的情況。因此應該能令事物毫無遲滯地進展。此外，你學會了如何控制自己的情感，因此在任何場合下都能巧妙地周旋。

15 惡魔

儘管知道不行仍無法收手

是否有些情況，令你明知不對仍無論如何都無法收手呢？在你周遭有著眾多誘惑，令你不由得流於輕鬆的方向。然後又突然回過神來而陷入自我厭惡之中。此外，你難以斬斷對人事物的執著。而由衷希望能擺脫這種情況。

16 高塔

因為意外而令立足點崩潰

在你身上發生了突如其來的意外，動搖了你的立足點。被原本信任的人物背叛，或是以為準備萬全的事物崩潰，應該令你大受打擊。在你不自覺中支撐著你到現在的思考模式框架，或許也因此崩潰了。但這其實是從地基開始重建的好機會。

17 星星

開始看見全新的希望之星

對你而言，「想這麼做」、「想變成這樣」的願景愈發明確。那一開始或許顯得模糊不清或充滿不確定性，但那仍是一線希望之光。抑或是你至今為止與某人之間的芥蒂消除，令你有種受到「淨化」的感覺也說不定。

18 月亮

受到不安感侵襲而產生迷惘

你似乎沉迷於妄想中，而變得難以作出具現實性的判斷。因為缺乏自信，使得你滿腦子充斥著負面消極的想法，比如說「事情一定無法順利進行」、「一定會有人背叛自己」。但實際上，或許根本不會發生那麼嚴重的事情。

19 太陽

每一天都感覺到活著的幸福

你應該會實現心願，獲得重大的成功。每個人都會認可你的實力或才華，並對你甘拜下風。你也因此產生了自信，並充分感覺到活著的美好或喜悅。抑或是你可能強烈地感覺到某個耀眼人物的存在。

20 審判

重新來過與復活的機會到來

將過去的失敗重新來過的機會造訪了你。這會成為捨棄舊有自我或將想要遺忘的過去，蛻變重生的轉機。這也是令心傷恢復，重新挑戰的機會。此外，這也意謂著你接收到強烈的靈感，獲得令你恍然大悟的覺醒體驗。

21 世界

實現理想，感到幸福

原本正在進行的事物似乎以理想的形式完成了。你也因此感到滿意，不再追求更棒的結果。當時的你就是感到如此幸福。但其中應該也包括了想往上爬的欲望消退，認為自己「已經不用再努力了」，而稍微鬆懈的想法。

位置 1 2 3 4 5 6 7 8 9 10

權杖一

等待突破現況的機會

你是否正在期盼某些新的事物到來？你或許正在等待一直以來的狀況能有所改變，或是能令進展至今的計畫有所成長的某些事物。就眾多方面而言，是野心勃勃的狀況。

權杖二

動彈不得的等待狀態

你是否對於今後感到期待與不安，因而動彈不得？你應該正打算觀望狀況。儘管有著野心或強烈願望，你卻不知道該如何邁出步伐，或許厭倦思考了。目前你似乎被迫面臨究竟該大膽進攻，或是防守到底的選擇。

權杖三

對於這個結果無法滿意

原本煩惱的事情解決了，應該令你覺得是好的開始，並心懷期待，相信今後的情況會逐漸好轉。會這麼認為，正是因為你對於這個結果無法感到非常滿意。倒不如說，你或許還湧現了想要獲得更大成功、更進一步活躍的欲望。

權杖四

在面臨重要事物之前短暫休息

至今為止的努力開花結果，是否令你鬆了一口氣？儘管還有下一項該做的事在等著你，但你現在應該會有想要休息、放鬆一下的想法。或許會與能令你感到平靜的對象共享、攜手共度喜悅。這是與家人或親友等共度的短暫平靜時光。

權杖五

爭鬥狀態是產生變化的熱源

你之前曾被捲入周遭人們之間的麻煩爭執中，此事對現在的你造成了影響。所謂的爭鬥或許其實是你本身的內心糾葛，或並未整理好的想法的呈現。然而，混亂或衝突同時也是創造全新事物所需，能引起化學反應的熱源。

權杖六

足以接受的成功體驗

你獲得眾人認可的成功，並受到他們的稱讚，應該能獲得超乎預期的成果。你的努力或行動受到眾人的認同，並接納你至今所做的一切，你本身也足以接受這份成果，而這點應該令你暗自產生了自信。

權杖七

努力保護到手的成功

你為了避免失去因為過去的成功而獲得的事物，一直以來都努力不懈。有時還會跟試圖搶奪的競爭對手爭鬥，拚命地保護。而你也切身體認到為了永續維持成功的狀態，需要付出相當程度的努力。

權杖八

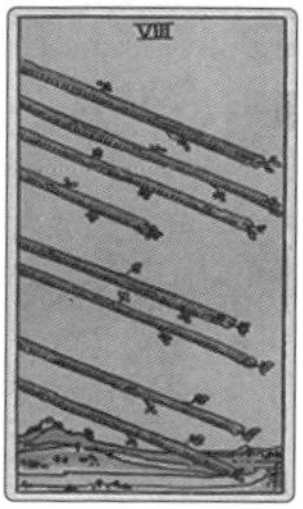

突如其來的進展令狀況劇烈改變

原本停滯的狀況突然開始動了起來，而且狀況急遽改變，速度之快令人喘不過氣來。那或許是接到了突然的通知，或面臨驚人的場面。面臨急速發展的變化速度，你是如何應對的？這份經驗讓你留下了什麼呢？

權杖九

踏上最後一道階梯的狀態

你所懷抱的問題似乎終於邁入最後階段。你下定決心，決定正視問題，直到獲得期望的結果為止。由於你已經作好了準備，應該不會有所迷惘。你似乎同時也懷著「絕對不會重蹈覆轍」的強烈想法。

權杖十

過度相信力量而被逼上絕境

你獨自一人承擔起沉重的問題，並仍努力至今。同時，也心懷淡淡的期待，認為「搞不好有辦法解決」。然而，這問題超出了你的能力範圍。至今為止勉強著自己，使得你快要因為過勞及壓力而倒下。

權杖侍者

接到消息，狀況改變

你收到了新的消息或資訊，暗示著狀況將有所改變。抑或你本身就是信差，擔任著傳遞某些訊息的職責。交錯的詞彙或訊息，對你帶來了怎樣的刺激與變化？你又是如何反應的呢？

權杖騎士

實際採取行動並習得知識

你不僅等待著好運造訪，還採取了各種行動累積經驗。因此學到了各式各樣的事物，令思考方式或價值觀產生了變化。此外，你應該還從過去的經驗中獲得了無論陷入何種狀況都不畏懼，相信自己並採取行動的強韌。

權杖王后

投注了愛與熱情的經驗

你展現了藉由愛與熱情支持著某個人、賦予其勇氣的經驗。你對他們所湧出的愛是永不止息的。儘管你乍看之下十分沉穩，但內心其實有靜靜的熱情在燃燒著。此外，這也暗示了有對你造成強烈影響、賦予你勇氣的女性或女性般的存在。

權杖國王

以實力克服考驗

你至今為止似乎曾面臨重大的考驗。換作其他人或許會心想「我不行了」而放棄，但你是否果敢地挑戰了？抑或是可能存在某個實力與熱情兼備的人物，對你造成了影響。對你而言，那名可靠的人物是誰呢？

聖杯一

全新關係改變了環境

你似乎獲得了全新的邂逅，大大地動搖了你的心。你心中湧現了愛情，並在這股衝動驅使下採取了行動。而這並非你單方面地付出愛意，應該也獲得了對方的某些支持，這令你獲得了無可取代的羈絆。

聖杯二

傳達想法，兩情相悅

是否由於你傳達了自己的熱切想法，使得你與對方的關係有所進展？你們應該能構築起為彼此著想的平等關係，並獲得「無論發生任何事，只要跟這個人在一起就沒有問題」的安全感。好的理解者對你而言，也會是極為可靠的心靈支柱。

聖杯三

訂定方向，站到起跑線上

你是否終於決定好應當前進的對象，原本亂七八糟的事情也告一段落呢？與周遭眾人沒有產生意見上的衝突，應該令你鬆了一口氣。你總算邁出了邁向新生活的第一步，在這一刻，你應該體驗到了和諧感，並品嚐到最初階段的滿足感。

聖杯四

漫無目的地隨波逐流

你是否陷入無論看到什麼都覺得無趣、感受不到魅力，缺乏朝氣的狀態呢？由於沒有熱情，即使是被交代的事也只是照著慣性去完成。你空虛且漫無目的地過著無趣的每一天，只是隨波逐流地活著罷了。似乎也有許多令你心情鬱悶、提不起幹勁的事。

聖杯五

因為悲傷的事而內心受傷

是否發生過令人幻滅的事情，使你內心破了一個大洞呢？搞不好是你原本認為能夠進展順利，卻期待落空的事，你因此感到氣餒。對於已經結束的事感到後悔、悲傷的情況下，思考方式也變得愈來愈悲觀。不過，你並非已經失去所有的希望。

聖杯六

幻想著無法實現的夢想

你似乎執著於已經結束的事，或不可能實現的夢想，導致自己不正視現實。你強烈地希望能永遠沉浸在美好的回憶或過去的輝煌之中，不想離開夢境世界。或許你儘管明白必須面對現實，卻實在不想這麼做。

聖杯七

猶豫不決而導致什麼也得不到

你是否曾同時追逐著複數對象，導致到頭來全都得不到？此外，似乎也曾因為不想負責任而把事情交給別人，導致事情整合不好。任何一種情況都是你優柔寡斷所造成的結果。即使如此，你似乎仍難以下定決心。

聖杯八

捨棄一切，邁向下一個舞臺

你應該曾為了尋找新的道路而與重要的人分離，或是離開至今為止身處的環境。想必也包括了難以忘懷的過去回憶。像這樣捨棄你所熟悉的事物，對你而言是邁向下一階段所需的畢業典禮。

聖杯九

實現夢想，獲得心靈支柱

事情按照你的計畫進行，並順利地達成了目標，不是嗎？你的願望已經漂亮地達成。無論規模大小，依然獲得了一定程度的滿足。而要停留於此還是繼續往上爬，端看你的決定，不過是否還留有一些想做的事情？

聖杯十

受到愛所環繞並盈滿的生活

你在愛情及物質上都獲得了滿足，並過著游刃有餘的生活。有血緣關係的人或心愛之人、志同道合的夥伴應該都聚集在身邊，羈絆愈發深厚，且構築起圓滿的關係。這舒適的生活令你的內心從容不迫，並意識到幸福就存在於理所當然的每一天之中。

聖杯侍者

獲得純粹的心意

當他人以毫無盤算的純粹好意對待你時，你應該會感到非常高興。你是否很感謝對方付出的愛情，並覺得內心受到淨化呢？而那個純真無邪且似乎有些脆弱的對象，贈送了你頭一次感受到的喜悅與少許的吃驚給你。

聖杯騎士

與理想中的對象共度新鮮的體驗

你其實是個浪漫主義者且具有情感豐富的一面，你面前應該已經出現了一名理想的對象且對方應該會令你體驗到前所未有的嶄新悸動。抑或是在你身上可能萌生了全新感受性的天線，才華因此萌芽。

聖杯王后

內心被溫柔所拯救

多虧了總是十分溫柔體貼的人物，你內心的傷痕終於得以癒合。對方會傾聽你的話語，並好好地接下你毫無保留的內心。那個人的包容力及療癒般的才華，應該拯救了你；同時，對方本身可能也因為你的存在而獲得救贖。

聖杯國王

深深接納你的人物出現

或許有個人能理解你的內心深處，就連你刻意避免強調的部分，對方也能確實看在眼裡，是個具包容力與理解力的人物，這或許令你想要回應對方。抑或是你飾演過以寬容及愛接納過某個人的角色。

寶劍一

**訴諸實力
開拓全新可能性**

你曾經以自認正確的方法，進行過相當大膽的改革嗎？這是為了尋找全新的可能性。雖然伴隨著相當程度的痛苦，但當時的你為了獲得想要的結果，只能訴諸實力。也因此你才能逃脫波瀾，斬斷迷惘。

寶劍二

**藉由視而不見形成的
絕妙平衡**

如同所謂的「視而不見」，將一切事物化為可見並一一羅列出來，未必永遠是明智之舉。你至今為止是否曾刻意「視而不見」，藉此取得平衡？至於這點今後是否會持續下去，還是產生某些變化，則視其餘的塔羅牌配置而定。

寶劍三

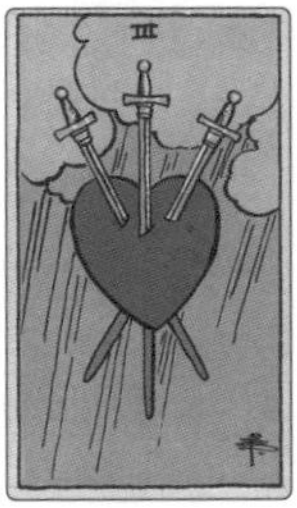

不得不面對難受的現實

你或許歷經了心如刀割的離別，或是失去了重要的事物，因此心懷著罪惡感或悲傷。此外，你或許曾遭到信任的人背叛、發生爭執、遭到孤立。不過，不和也是人生的一種，這份痛楚一定會成為今後的重要食糧。

寶劍四

**逃避問題，
讓身心獲得休息**

你選擇了停止思考，暫時逃避問題。因此你應該得以充分休息，並從疲勞中恢復。靜謐的空間與沉穩的時光，令你的內心平靜下來。儘管問題並未解決，休息也是必須的。

寶劍五

重新審視過去的禍根

你可能被某人搶先下手、奪走優勢，而品嚐到敗北的滋味。又或許是受到他人利用，發生了事後感到不快的事情。然而，儘管難受，仍必須直視這份經驗，為了不使彼此長久留下禍根，也必須重新審視自己。

寶劍六

逃離問題，獲得解放感

隨著問題邁向解決，你得以從難受的狀況中脫身。障礙消失，你的不安也隨之解除。內心終於感到平靜，壓力也跟著消失。你逃離這個問題是正確的，正因為如此，你才能下定決心面對全新的目標。

寶劍七

親眼目睹人類的狡猾

你是否在暗地裡運籌帷幄、採取行動，漂亮地搶先了對手？你善加運用著白臉與黑臉，將對手玩弄在股掌之間。抑或是可能有人避開你的耳目，奪走了某些事物。這個社會上的「狡猾」會以某種形式呈現出來。

寶劍八

看穿束縛自己的事物

你或許感覺到自己無路可逃，處境艱難，束縛著你的事物究竟為何？那是一個具體的條件，抑或是你自己放在心上的常識或價值觀，還是與某人之間的關係呢？你首先必須看穿這道束縛的真面目。

寶劍九

如何度過不安的夜晚？

你或許受到不安及恐懼侵襲，過著內心無法休息的每一天。過去的失敗或罪過造成的自信喪失與罪惡感，似乎正折磨著你。你會不會是儘管明白自己想太多、擔心過度，仍難以抹去這份不安，導致陷入了負面循環呢？

寶劍十

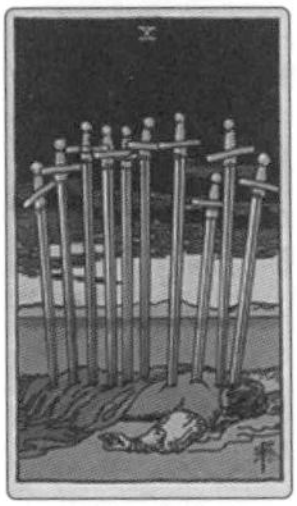

無法找藉口的澈底敗北

你似乎品嚐了難以推託找藉口的澈底敗北，因此精神狀態或許會一度跌落谷底。但另一方面，應該也有一部分的心情是感到暢快。這是一個藉由乾脆地承認落敗來下定決心，今後只能一改態度努力成長的好機會。

寶劍侍者

跟與眾不同的點子相處的方式

你的腦中或許浮現了打破常識的嶄新點子。或是在你周遭有個會冒出特別點子、行徑奔放不羈的人物，將你耍得團團轉。儘管或許無法立刻得出現實的成果，但應該能令僵化的狀況稍微打開一個破口。

寶劍騎士

迅速行動的結果導致獲得好運

發生了某個意料之外的事件，這個問題令你一時間陷入了混亂狀態。儘管光是見招拆招就竭盡了全力，但是否正因為得以臨機應變的應對，使得結果超乎預期的好呢？應該也有些行動，是必須處於混亂狀態下才能發揮的。

寶劍王后

試圖獨自解決問題

你會站在客觀的視角，冷靜地下判斷。不夾雜私情的判斷，看在周遭眾人眼裡或許顯得有些無情。然而這證明你已經跨越悲傷，變得更加強大了。也或許是你試圖不依賴任何人，而單憑自己的力量解決問題。

寶劍國王

充分發揮領袖特質

你以強硬的態度貫徹自己的主張。公正且客觀的話語，應該會被認為是正確言論，因此眾人都相信你的話語是正確的。你本身也認為自己的決定是絕對的，因而產生強烈自信，領袖特質也隨之提升。

位置
1
2
3
4
5
6
7
8
9
10

錢幣一

為了夢想不吝惜於投資

你曾為了自己而花費時間或金錢執行計畫，例如創業或為了職涯而投資。開端極佳，可說是贏在起跑點上。儘管沒有立刻獲得豐厚利潤，但你播下的種子也充滿了今後蓬勃成長的可能性。

錢幣二

因為進展順利而忙碌的每一天

事情開始啟動，並步上軌道。你變得需要妥善運用時間或金錢，或許會過著走鋼索般的每一天。但你不能停下腳步，應該也沒有那個打算。你會如何駕馭有節奏地循環的資訊、金錢及人際關係的圈子呢？

錢幣三

努力獲得認可，產生微小自信

你鍛鍊實力、認真努力至今的事情獲得認可，想必滿心喜悅。你身為專家，獲得了一定的成果。不過你應該也覺得自己不過才突破了第一道關卡而已。你會如何將這份微小但明確的手感，應用在下一個階段呢？

錢幣四

執著心強烈而趨於守勢

你目前是否趨於守勢，不想改動穩定的狀況呢？即使只是失去手邊的一樣事物，似乎都會令你感到恐懼。但只是扛在那裡，是不會有所進展的。事物及時間應當由你來掌管，若是反過來遭到支配，就本末倒置了。是時候讓自己獲得自由了。

錢幣五

並未獲得想要的事物

你是否失去了重要的事物，也沒了氣力及自信呢？似乎也因此在物質及精神上都陷入一籌莫展的狀態。你會不會有種強烈的感覺，無論自己有多想望，卻還是得不到想要的事物呢？而你認為自己沒得到的事物又是什麼？

錢幣六

提供援助並守護成長

你或許對某人提供了有形無形的援助，或是接受過他人的協助。你應該曾不計利益得失地對某人伸出援手，或是有人對你伸出過援手。然而，這個世界是互相扶持的，該如何維持「公平性」，會成為今後的關鍵。

錢幣七

是否總在敷衍了事？

你是否對變得過度親密的關係，或是一成不變的成果感到不滿？然而，你當下似乎無法決定該停留在原處，還是繼續前進。雖然獲得一定程度的結果，卻還是覺得「要是能再下一番工夫……」，而有種說不上來的倦怠。

錢幣八

為了想做的事而進行的基礎訓練

這或許是一段「訓練」、「修行」的期間。為了真正想做的事情，在基礎訓練上花費時間是很重要的。這份努力將成為日後成功的基石，絕不偷工減料，認真仔細地處理將會成為你的財產。抑或是從認識了穩健踏實的人物當中獲得些什麼。

錢幣九

贈送給自己獨處的時光

你成功在經濟及精神上都自立自強，在不受任何人幫助下過活，而且能隨心所欲地享受獨處的時光。但你很清楚這份穩定的狀況並不會永久持續下去，為了應當到來的那時候，已作好了心理準備。

錢幣十

支持著現在的你的穩定感

象徵著物質或金錢的錢幣來到「10」這個最高階段。你或許已足以跟身邊的眾人分享自己所擁有的事物，抑或是獲得某人的保護，而處於穩定的情況。這份安全感會建立你的自信。此外，過去接觸過的事物也會提升你的品味。

錢幣侍者

認真仔細地工作而掌握機會

你受到他人仰賴，會為了回應對方的期待而竭盡全力。即使完成度差強人意，這對你而言也是當下盡力而為的結果。抑或是在你身邊有個雖不成熟但有誠意的人物，你應當非常重視那個人物。

錢幣騎士

耗費漫長時間一心一意地努力

你長期以來堅持不懈地努力著，可能超出了「只要這麼做就行了」的範疇而努力至今。在歷經長時間進行的事物上，你的能力及耐性應該格外能有所發揮。抑或是與某個誠實而穩健的人物邂逅，對現在的你造成強烈的影響。

錢幣王后

至今仍支持著你的可靠常識

事實上，你或許在不知不覺間支持、援助著某個人。或是有個令你非常信任的人物存在。無論如何，你過去所體驗到平穩而穩定的時光，在今後的漫長時光中，將會成為你的理想或方針，當你迷惘時，就會想起此事。

錢幣國王

有眾多可學習之處的人生前輩

這位「國王」對你而言是什麼人呢？是具有經濟實力與權力的某個人？抑或是如此的組織？搞不好，是在你心中的另一個自己。試著再次想像這樣的人物形象，或許能成為你今後應當掌握的經營能力之典範。

塔羅牌並沒有絕對的規則

說到塔羅牌，有的人會認為這是一種神祕的工具，必須依循嚴格的規則或儀式、禮儀來占卜，但事實並非如此。你可以根據當下的心情或狀況隨心所欲地享受。根據歷史，塔羅牌其實是從文藝復興時代貴族所使用的遊戲卡牌發展而來。這原本就是遊玩用的卡牌，因此不需要死板地認為「非得這麼做不行」，請抱著輕鬆的心情著手看看吧！

而享受塔羅牌的方式也因人而異。比如說，如果你是受到塔羅牌的神祕意象所吸引，深入研究其意象或許會令你感到興奮不已。有的人會在一個不受任何人打擾的安靜地方，將桌巾等鋪在桌上，就著燭光解析……藉由像這樣重視氛圍，就能順利進入塔羅牌的世界中，在與日常生活不同的意識下面對想占卜的主題；相反地，在飲酒作樂的宴席上，與夥伴談笑風生時輕鬆地占卜，也同樣有趣；而平時難以對彼此啟齒的煩惱或問題，或許也能藉由塔羅牌這項工具為媒介，令人暢所欲言。

更進一步地，在塔羅牌高手之中，還有人能創造出自己的原創牌陣，並加以解析。在這種情況下，「在何種位置占卜何事」這樣的位置涵義，就會變成由自己來決定。換言之，占卜方式也十分自由。

我希望能讓大家享受這種自由的塔羅牌世界。如果你是「對塔羅牌感興趣，卻覺得思考難度太高，而對塔羅牌為之卻步」的人，首先不妨以遊玩的感覺接觸看看如何？

POSITION

6

未來

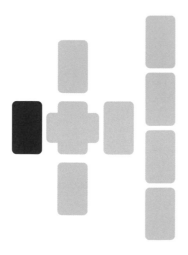

6 未來的位置代表的內容

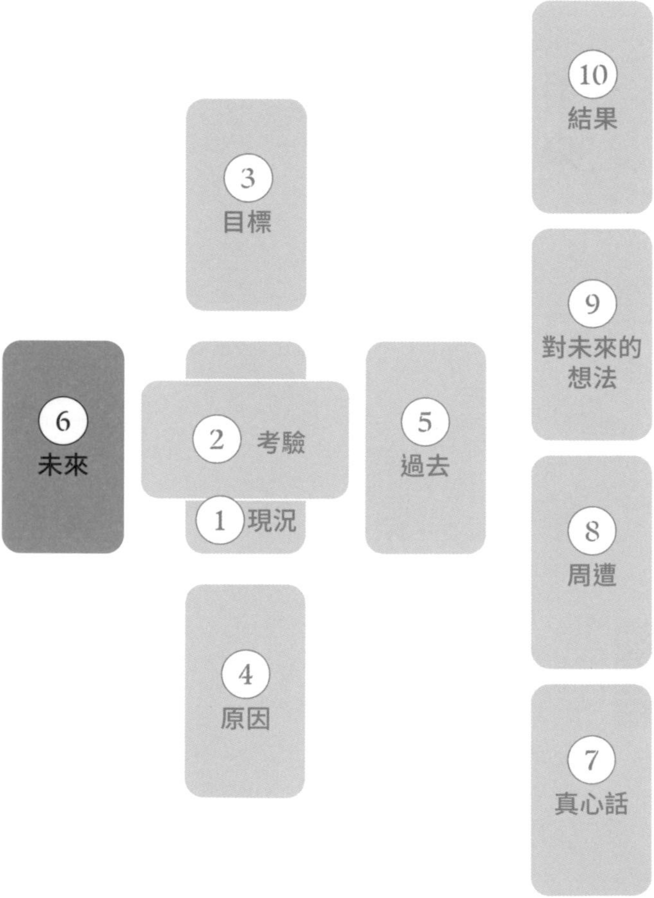

Hint 1

在不久的未來會發生什麼？

在不久後的未來會發生什麼事呢？在〈⑥未來〉的位置呈現的就是相關的解讀。話雖如此，這代表的並非無論如何掙扎都無法逃脫的宿命，而是顯示如果維持現況繼續前進時，可能會發生什麼樣的事。因此即使在這裡出現了涵義令你並不期望的牌，也不用悲觀，請先冷靜地理解那代表著「這樣下去會有危險」。

Hint 2

同時也是掌握期望未來的提示

如果出現的是顯示著光明未來的牌，則代表著「該怎麼做才能讓未來更加堅若磐石」，亦可從其他牌面解讀相關提示。未來尚未註定，而是會因細微小事所改變的。儘管抽出好牌，倘若因此而滿足就太過浪費了。當你想深入解讀究竟該維持現狀就好，還是該有所改變時，這個位置將會成為關鍵。

Hint 3

解讀未來的訣竅

如果你苦於這個位置的解釋，也請試著注意出現在〈⑤過去〉位置的牌。由於先有過去的累積才會有今後的未來，因此請試著與其連結，像看故事般解釋看看。此外，你也可以試著與〈③目標〉的牌相比較。如果出現在這兩個位置上的塔羅牌涵義相距甚遠，就請參考〈④原因〉或〈⑦真心話〉的牌作為提示。

⑥

未來

出現的是……

在不久後的未來
你將會發生
怎麼樣的事呢
無論是好是壞
都請別因為出現的牌而或喜或憂
而是確實事先作好心理準備
因此也請面對塔羅牌
更深入地解讀
隱藏其中的涵義吧

MAJOR ARCANA

0 愚者

隨心所欲地行動，出乎意料的發展

你似乎不願聽從周遭的建議或忠告，隨心所欲地採取行動，使得事情朝意料之外的方向發展。不過究竟會發生什麼事是無法預料的，唯一能確定的，是眼前有無限的可能性拓展開來。關鍵在於珍惜自由的內心，而不受常識或固有觀念束縛。

1 魔術師

尋找全新道路，果斷開始

你會基於個人的思考來展開事物，至今所作的踏實準備，此刻正是時候派上用場。憑藉你所具備的知識或技術，應該能夠適應任何狀況。此刻的你正要向不成熟的自己道別，站上邁向全新道路的起點。

2 女祭司

接受事實，蛻變成長

你應該可藉由敏銳的分析得知「這就是問題的答案」。當闡明的事實與理想之間有所齟齬時，或許令人難以接受，但重要的是重視肉眼所看不見的真正價值。倘若以眼前的利弊得失來看待事物，會無法獲得你所追求的事物。

3 女皇

在舒適的環境中享受極為幸福的時光

這裡對你而言是最為舒適的環境。無須感到不安或畏懼，只需接受恩惠。此外，由於你毫不吝惜地對周遭付出愛情，你的內心應該十分富足。而你心愛之人也會溫柔溫暖地對待你，令你深感喜悅。

4 皇帝

實現野心，加深自信

你無論如何都想實現這份心願，甚至會為此排除反對你想法的人物。你藉此將力量集中到自己身上，應該會漂亮地達成目標，獲得期盼已久的事物。你將能在今後的未來看見自己充滿信心的模樣。

5 教皇

藉由建言突破現況

有人會對正在煩惱的你伸出援手，在你面前應該會出現可靠的人物，提供你有益的建言。在你謙虛地採納了對方的話語後，情況終將穩定下來。你在那之後似乎會由衷信任那個人物。

位置
1
2
3
4
5
6
7
8
9
10

6 戀人

經由選擇得出正確答案

在你面前有兩個選項。雖然你很煩惱該選擇哪一個，但只要憑藉直覺與喜好，就能選出正確答案。克服糾葛後，你應該就能隨心所欲地展開行動，迷惘到時會自然而然地消失，讓你能順利地在自己所相信的道路上勇往直前。

7 戰車

確定勝利而積極面對

你確定自己有著勝算，而會立刻採取行動，因此應該能在相當短的時間內獲得成功。即使有人加以反對，你也會堅持不懈地説服對方以獲得認同。你獲得了令人滿意的結果，應該會有一段時間都沉浸在勝利的餘韻中。

8 力量

根據堅定的信念，獲得期望的結果

你心懷堅定的決心努力著，儘管伴隨艱苦，但你仍持續忍耐下去，並在最後獲得期望的事物。在你心裡沒有妥協兩個字，並會展現自己基於「想這樣」、「想成為這樣」的欲望而持續不懈努力的模樣，因此會有這樣的結果是理所當然的。

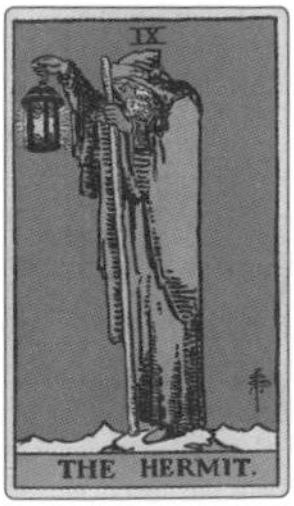

9 隱士

短暫休息，並同時思考

接下來會有一段沒有動靜的時期。然而，這段休息時間正是讓你好好面對問題的機會，藉此機會回顧至今為止的過程吧！只要你捫心自問自己真正所求的事物為何，應該會自然而然地明白正確答案。

10 命運之輪

掌握意想不到的機會

轉機造訪，使得狀況眨眼間有所改變。變化的速度之快，或許令你光是要跟上就竭盡全力了。即使如此，你還是應該設法應對變化並掌握機會。雖然可能是孤注一擲，但你將會正對這份現實。

11 正義

脫離不利狀況，正確評價對手

面對將你逼入不利狀況的人事物，你應該能找出其不合理之處，並且讓對方承認錯誤。你將能藉此站在正確的立場，並能不受情感左右，以冷靜且客觀的角度評價對方。

12 吊人

進入停滯期，別失去希望

好不容易有所進展的事物將會停頓，短期之內沒有任何動靜。你感覺陷入僵局，雖然設法掙扎卻無濟於事。儘管如此也別失去希望，你只能等待重新開始行動的時機。將這個時期視為重振精神，重新調整自己的期間吧！

13 死神

與過去訣別，邁出復活的第一步

你會與對自己而言毫無價值、無謂的事物斬斷緣分，徹底改變狀況。應該也會跟為你帶來厄運的人物斷絕關係，締結起下一段緣分。與過去訣別的同時，你也會蛻變為全新的自己，這將成為邁向復活的第一步。

14 節制

平靜祥和的時光到來

雖然緩慢，但你能與對立的人物和解，讓事物以應有的狀態水到渠成。接下來，平靜祥和的時光應該會造訪。原本悶在你心中的負面情感，也會一點一點地淨化，平靜且令人放鬆的日子終於即將到來。

15 惡魔

執著心強烈，萌生邪惡念頭

現在似乎是你該面對內心「陰影」的時刻。雖然可能會感覺到日子過得並不順心，但追根究柢，原因可能出自你本身的執著或軟弱。試著考慮解除原本綁縛住自己的無形枷鎖吧！請你意志堅定，別向誘惑屈服。

16 高塔

一切崩毀，無法回頭

在你身上會發生某些令人失望的事，令你失去希望。一切都令人難以置信，你感到茫然若失。這時或許會出現趁虛而入，試圖將你取而代之的人物，而完全出乎意料的嶄新道路將會展開，令你無法回頭。

17 星星

相信你想成為的自己並向前邁進

閃耀的希望之星在你頭頂上方引導著你。讓你夢想成真的點子將會一一浮現，令你燃起希望。你心懷「想成為這樣的自己」的熱情，開始朝著你所相信的道路邁進。你應該能遺忘過去，以嶄新的心情面對問題。

18 月亮

擺脫不安情緒十分重要

你正處於渾濁不清的狀況中。難以名狀的不安如同黑霧般籠罩在你的內心，或許會令你陷入悲觀的想像之中。不過只要記得保持客觀的角度，你所擔心的事幾乎都不會發生。另一方面，藝術或靈性相關的事物為吉兆。

19 太陽

重大成功帶來滿足

你會展現明確可見的成果，最後獲得成功。令人感到滿意的成功，讓你也難掩喜悅。你會獲得周遭眾人的祝福，而且這份成功任誰來看都無可置喙，請對自己有信心，令人滿足的日子將要展開。同時也可能與「孩子」有緣分。

20 審判

重新來過的機會，與舊有的自己訣別

你將會面臨重大決定，讓過去的失敗、後悔之事重新來過的機會到來。然而，你必須為此捨棄舊有的自己。別受過去束縛，下定決心蛻變為全新的自己吧，千萬不能再走回頭路。

21 世界

願望實現，獲得理想

持續至今的事終於抵達終點，至今為止的努力以最棒的形式開花結果，你應該感到非常滿足。接下來將展開沒有不安及不滿的日子。另一方面，由於熱衷投入至今的事物已完成，你或許會覺得有些無聊。

權杖一

受到強烈衝動驅使

你充滿了「想做這件事」、「想嘗試那件事」的熱情，因為你認為自己絕對有能力辦到。強勁而劇烈的能量從體內湧出，令你鬥志高漲。這份力量十分強大，足以壓制周遭眾人。

權杖二

不坐等好運，嘗試起身行動

你認為一味的等待毫無意義，因此會嘗試採取行動。起初或許會戰戰兢兢而耗費不少時間，也可能感到糾葛。此外，有收到重要通知的可能性，這份消息將會大大改變狀況。

權杖三

好事接連不斷，但切莫輕忽大意

有許多微小的幸福會降臨到你身上，有時還會受到周遭的協助。為此你會追求更龐大的事物，可能會變得有些貪婪，無法因一定程度的成功而滿足。不過，愈是順心如意的時候，則更忌輕忽大意。

權杖四

序章告一段落，短暫休息之時

你至今為止的努力開花結果，現在則是休息的時間。但這不過是最初階段告一段落，並不代表完全擺脫了問題，接下來該做的事正等在後頭。即使如此，你還是會與夥伴共度，謳歌休息時光。

權杖五

風暴的前兆，避免捲入糾紛

在你周遭的狀況中似乎會產生某些糾紛，或許會因為意見對立或利害衝突而造成麻煩。而你本身的內心狀況似乎也有些混亂。請注意避免被捲入風暴中，冷靜地審視究竟發生了什麼事，最好暫時靜觀混亂發展。

權杖六

你能領先一步，游刃有餘

在這個問題上，你似乎能領先一步，讓自己重獲轉圜的餘地。或許是因為周遭的混亂或停滯不前，反而使你得以早一步擺脫。只要冷靜審視狀況，就能得知其實還不糟。正確評價自己所做的事，並讓周遭理解是很重要的。

權杖七

獲得成功，維持狀態

你將能成功，並獲得想要的事物。但你應該很快就會明白，為了將其留在手中需要付出努力。不驕傲自滿地維持幹勁是相當辛苦的，你會需要相信自己辦得到的自信與潛力。

權杖八

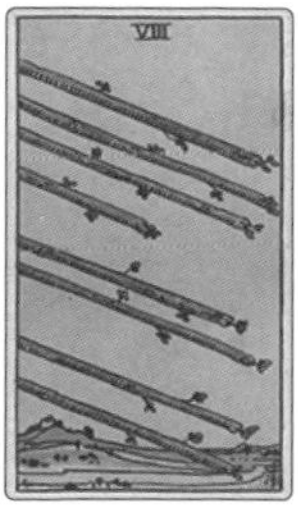

情勢驟變，問題也突然解決

由於事態急速進展，你的手邊會出現許多非做不可的事，周遭的狀況也會劇烈變動。但也多虧如此，原本以為得久拖的問題也迅速解決了。雖然暫時無法穩定下來，但你會在這段期間作出幾項決定。

權杖九

作好準備澈底完成

你下定了決心，認真面對眼前的問題。這項問題已經進入最後階段，接著就只是見證結局了。你已經決定好了自己的答案，由於作好了準備，沒有必要迷惘，而且你必定會澈底完成。

權杖十

別扛起過重的負荷

艱難的狀況將會持續下去，你是否扛起了超過自身實力的事情？抑或是試圖勉強解決問題呢？不過有些事在物理上是不可能辦到的。如何處理你扛起的重擔，將會是今後的課題。

權杖侍者

以新鮮的心情度過每一天

你會遇到令人在意的對象、收到令人高興的消息，以新鮮的心情度過每一天。對未來的期待提升，夢想也隨之擴展。你應該會發現自己的全新才華，似乎能享受充滿活力的每一天。

權杖騎士

隨心所欲地行動並改變狀況

你應該會充滿活力地展開行動，這是因為你體內充滿能量，令你靜不下來。而你毫不顧慮他人，隨心所欲採取行動的結果，會令你眼前的問題產生好的變化。抑或是出現年輕男性，推動了事態發展。

權杖王后

靈活柔軟地引領

你不會魯莽地猛衝，而是因應狀況靈活地應對，並一邊關照周遭眾人，將夥伴整合起來，你具備將其化為可能的力量或魅力。而當你善加運用這份潛在的力量時，將會獲得無可取代的夥伴。

權杖國王

若以必勝之心面對就能達成目標

你會面對未來設立遠大目標，並充滿自信地前進，你具備充分的實力。再加上好運若站在你這一方，就能以必勝之心面對。由於你如此可靠，使得周遭的人都樂於提供協助，無論任何事都能達成。

位置
1
2
3
4
5
6
7
8
9
10

聖杯一

重要的存在成為你的力量

你構築了全新的人際關係，其中也有願意為你犧牲奉獻的人在。多虧了對方的支持，你得以毫不猶豫地朝著夢想勇往直前。而那個人的存在本身或許也會成為你的心靈支柱，光是待在一起就能獲得力量。

聖杯二

成為同樣傾注愛情的關係

你與某人構築起良好的關係，會互相體貼，並時常彼此關心。最後對方也會傾注愛情，成為對等的立場。兩情相悅的彼此將會成為真正的伴侶。這不僅限於人際關係，也暗示著你與所珍惜的事物或對象之間的關聯將會加深。

聖杯三

朝著期望的未來向前邁進

你能在不與周遭起衝突的情況下統整意見，並擬定解決問題的方向。一切似乎都會有好的結果，你應該鬆了口氣。在每件事都十分和諧的情況下，你想必會感到喜悅。或許也能轉變想法，換個環境重新出發。

聖杯四

缺乏幹勁令人擔心

你的幹勁漸漸變得低落，對任何事都提不起勁。儘管有非做不可的事，卻仍懶散度日，只是照著慣性維持著與重要之人的關係。你無論看了什麼都不感興趣，也感受不到魅力，甚至會覺得每一天都十分無趣且煩悶。

聖杯五

長久因失去而感到悲傷

很遺憾地，你的期待似乎落了空。你覺得一切都結束了，並沉浸在悲傷之中。似乎會有段時間因為失去而感到後悔。受到傷害的你總是心懷負面消極的念頭，但實際上，你應該沒有失去一切，所以別太過悲觀。

聖杯六

無法逃離夢想世界

你持續追尋著無法實現的夢想，無論如何都無法面對現實。抑或是沉浸於回憶當中而無法向前看。一旦被夢想或過往囚禁，就難以從幻想世界中脫身。若想逃離那裡，就必須用某些方式讓自己清醒過來。

聖杯七

彷彿在妄想世界裡迷了路

你的思考似乎脫離了現實，你認為自己的所見或許並非客觀事實，只是你擅自想像出來的。為了作出正確的判斷，冷靜下來是很重要的。關鍵在於別過度吹噓，而要集中目標。

聖杯八

擺脫糾纏的障礙

離開現在所處環境的時刻到來，你會脫離舊有的人際關係，拋棄不需要的事物。你擺脫了原本執著的事物，應該會認清現在正是踏上旅程的時機，下定決心邁向下一個階段，同時尋找自己應當前進的全新道路。

位置
1
2
3
4
5
6
7
8
9
10

聖杯九

顯示願望成真的牌

「聖杯九」又以「願望牌」的別稱聞名，代表願望成真。事情應會一帆風順地進展，無論是愛情、錢財或成功，你所想要的事物都能如願獲得。另一方面，如何維持這份幸福、能否成功升往下一階段也是很重要的。

聖杯十

身心均處於滿足狀態

無論是愛情或物質面都獲得了滿足，幸福的日子就此到來。你的人際關係和睦，與家人或志同道合的夥伴之間也有著強韌的羈絆。由於生活上游刃有餘，你得以對周遭更為溫柔，處於一切都十分滿足的狀態。請心懷感激地接受這份幸福。

聖杯侍者

以天真無邪的心情面對事物

前所未有的喜悅將會降臨，你因此得以用新鮮的心情面對許多事物。抑或是比自己年輕的人物，會以前所未有的嶄新點子幫助你，你也會與對方產生特殊的羈絆。

聖杯騎士

英雄現身，擺脫危機

你心目中的人物將會英姿煥發地現身，漂亮地將你從困境中拯救出來。對方應該會邀你前往各式各樣你至今從未體驗過的世界。此外，即使你一開始打算「靠自己設法做些什麼」，也會不由得依賴對方的可靠。

聖杯王后

以豐富的包容力包覆周遭

希望你聽自己說話、希望療癒內心的人們會聚集到你身邊來。而你將會藉由接納並療癒那些人的不安或煩惱，找出自己的存在意義。也有可能是將會出現能包容你的人物，並治療你的內心傷痛。

聖杯國王

與精神領袖加深關聯

似乎會出現能深深影響你內心的人物，對方是如老師般的類型，溫柔與嚴厲兼備，認為解決對方的煩惱並加以引導是自己的使命。隨著與那個人之間的關聯加深，你們似乎會產生強烈的共鳴。

寶劍一

伴隨痛苦的正義之戰

你藉由運用強大的力量，得以斬斷迷惘，擺脫混亂狀況。視情況而定，或許還能靠法律解決。這對你來說雖然會伴隨相應的痛苦，但為了獲得應有的權利，這是無可避免的戰鬥。你將會揮動正義與智慧的刀刃。

寶劍二

沒有什麼是一切都完美的

你似乎陷入了「左右為難」的狀況，倘若一方成立，另一方就無法成立；顯得高不成低不就的狀態。現在需要的是冷靜思考該如何跨越這矛盾的狀況。想要魚與熊掌兼得是很困難的，因為沒有任何事物是「完美」的。

寶劍三

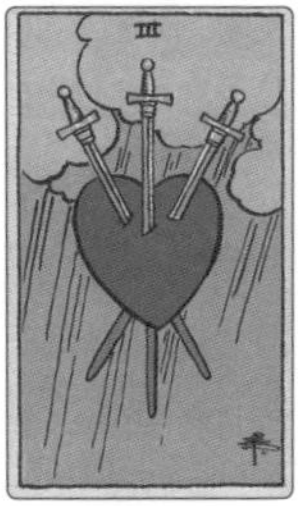

如同劍扎在心上的悲傷

前方等著你的是失戀或離別一類的事件。你或許會深感悲傷，並產生罪惡感或孤獨感，但你必須正面面對。雖然無法逃避，但心頭上的傷痕總有一天會化為你的個人特質，成為無可取代的一部分。

寶劍四

暴風雨前的短暫寧靜

你會迎接寧靜而沉穩的時光，得以什麼也不想地充分休息，並恢復疲憊的身心。然而，這不過是劇烈暴風雨造訪前的短暫寧靜。問題仍未解決，遲早必須對峙，而現在則是累積力量的時期。

寶劍五

超越能力，不相稱的驕傲

你會過於相信自己的能力而產生不相稱的驕傲心態。甚至並未察覺某些事情早已超過極限，而貿然認定自己已經獲勝。若是利用他人，需要小心引發敵意。關鍵在於如何明確認清自己的能力範圍。

寶劍六

藉由逃跑而獲得解脫

某些事物開始動了起來，你所搭乘的雖是一艘小船，卻能確實地脫離停滯不前的狀況。作出逃跑的決定也是可行的，儘管無法全數掌握，至少也能保護得了你該保護的事物。請認清真正重要的事物，不要畏懼變化。

寶劍七

遊玩名為「社會」的遊戲

你今後或許會在暗地裡運籌帷幄，這種「作弊」也是一種智慧，並非壞事。另一方面，你周遭的某人可能也正想做出奸詐狡猾的事，徹底清查資訊並嚴加提防，千萬別鬆懈警戒。請你當作是在熟練遊玩著名為「社會」的遊戲。

寶劍八

產生臆測而陷入孤立

你心中產生了某種臆測，「自己明明沒有錯，為什麼沒人願意幫助我？」你似乎被這樣的想法控制，無法冷靜地判斷。你的受害者意識是否太過強烈？或是被其他妄想所纏身。請冷靜地看清楚，別被本身的悲觀臆測所束縛。

寶劍九

受到害怕失敗的不安與罪惡感折磨

你正面臨某件絕對不想失敗，卻又覺得沒有自信成功的事件，並因此感到不安或恐懼。此外，或許還會受到某些罪惡感折磨。別試圖消除負面消極的情緒，坦然接納才是加以克服的捷徑。

寶劍十

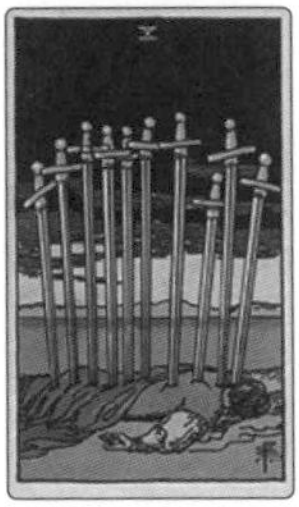

接納敗北，浴火重生

你似乎不得不承認自己澈底落敗，一切都已結束。不過藉由接納失敗，你將在精神面上有所成長，並爬出深淵，只差浮出水面。你將會下定這樣的決心，並浴火重生，蛻變成全新的自己。

寶劍侍者

想靠嶄新的點子突破現況

你會為了設法達成目標而提出各式各樣的點子。不過這些點子或許跳脫了常識的框架，顯得不太有建設性。還會被態度保守的人諷刺，認為這種方案行不通。然而，你無庸置疑地為環境注入了一股嶄新的活力。

寶劍騎士

趁著混亂獲得勝利

意料之外的事件引發了混亂，使得你必須四處奔走。這時候，應該也會接到意外的資訊。你將能藉由這份資訊先行預測並採取行動，並獲得期盼已久的事物。似乎也會面臨好幾次在無法作好任何準備的情況下，必須當場下決定的場合。

寶劍王后

變得堅強，跨越悲傷

你試圖單靠自己的力量解決問題，而不仰賴任何人。你不受情緒左右、不夾雜私情的冷靜判斷，看在周遭眾人眼裡或許顯得有些無情。但你所作的判斷全是正確的，你將會在精神上變得更堅強，也能跨越悲傷。

寶劍國王

眾人聽從你的話語

在公平性及客觀性背書下，你的話語開始擁有絕對的力量，讓所有人都相信你是正確的。因此你或許會偶爾以強硬的態度貫徹自己的要求。周遭眾人會逐漸跟隨起這樣的你，並坦率地聽從你的話語。

錢幣一

期待物質面上的成長

可以積極期待在你現在所占卜的主題上，有物質面的發展。不僅是精神上的滿足，還會展現出肉眼可見的成果。一開始或許微小，但延續至未來將會結實纍纍。腳踏實地地繼續努力吧！

錢幣二

度過忙碌而慌張的日子

你的計畫步上軌道，變得十分忙碌，而且新的機會也會造訪。狀況應該會瞬息萬變，令人眼花撩亂。在如此繁忙的日子裡，你將需要周轉運用有限的時間或金錢。不過由於你已經開始動起來了，事到如今計畫也無法喊停。

錢幣三

實力獲得肯定並取得成果

雖然還在第一階段，但這是你正要迎接收穫某些事物的時期。你的努力與技術應該能獲得周遭肯定，並得到高度評價。在通過最初階段後，你將開始邁向下一個階段，並會獲得雖微小但明確的手感。

錢幣四

增加所有物並保住一切

你的執著心愈發強烈，而且什麼都不想放手。會變得畏懼改變現狀，並避免積極與問題有所牽扯。就在你動也不動的期間，雖會累積能量，但也會因為所有物增加而變得動彈不得。有時也必須適時拋棄以保留空間。

錢幣五

失去的悲傷占據內心

你似乎無法獲得所需或想要的事物，甚至還得放棄一切原本擁有的事物也說不定。失去事物所感到的深沉悲傷，或許扎痛了你的內心。但那份空虛感日後將會成為你的糧食，並造就具有深度的人格。

錢幣六

根據公平的想法投資他人

你下定決心要支援某個人，這是因為你認為對方具有值得投資的才華或魅力。因此你願意不遺餘力地資助，並相信總有一天能獲得回報。你們總有一天會成為彼此的心靈支柱。

錢幣七

持續著熟稔的關係

你似乎陷入了低潮，儘管十分努力卻沒有任何變化、沒有任何進步，令你對現況感到不滿。你應該會面臨要停滯於現況或繼續前進的抉擇。現在沒有必要倉促決定，試著謹慎考慮你手中目前擁有的事物，以及今後的事吧！

錢幣八

踏實努力開花結果，發揮獨特才華

全新的事物即將展開，你應該能在此發揮歷經踏實努力而鍛鍊出來的獨特才華。而且將能提出成果，獲得周遭眾人的高度評價。這樣的結果會令你感覺到努力付出有價值，而變得更有熱情。長年來的研究也會開花結果。

位置
1
2
3
4
5
6
7
8
9
10

錢幣九

得以獨立並自由地生活

你似乎能不仰賴他人而獨自做到任何事。在你獨立後，會找到舒適的場所並過著平靜而有餘裕的生活。由於心情上顯得從容，也能善待周遭的人。這樣的你似乎會成為周遭眾人羨慕的對象。

錢幣十

獲得財產，成為其中一員

你將與有血緣的人分享財產，這份財產可說是囊括了你至今為止的人生。既然收下，你就成了其中一員，並必須履行責任。繼承有形無形的事物並傳承給下一代，應該會令你感到十分充實。

錢幣侍者

被委託重要的事物

你正在踏實穩健地向前邁進，儘管一開始認為自己十分笨拙，常會意外失敗，卻也確實地逐步成長著。尤其是現在，你已經能好好地採取實際的應對方式了。只要心懷責任感地行動，一定能邁向成功。

錢幣騎士

展開耗時的計畫

你將要開始歷經長期的努力，因此應該需要很大的耐心。不僅如此，他人還會希望你能具備足以回應周遭期待的高度實務能力。儘管耗費時間，但只要能一步步穩健地前進，就能加深與重要人物之間的關聯。

錢幣王后

儲備充足，得以提供他人

你或許在物質與精神上都相當富足，這暗示著你不僅能自給自足，甚至游刃有餘得足以支援他人。你似乎會與他人分享手工製作的儉樸餐點或事物，抑或是人脈；也可能會獲得他人如此溫柔地對待自己。

錢幣國王

藉由權力解決事情

你會藉由具備實際力量的人物來解決問題。尤其應該會獲得經濟觀念進步的人物協助。那個人物搞不好正是你自己，累積實力至今，你已能巧妙地控制問題，同時將事態導向解決問題的方向。

該如何詢問塔羅牌？

「占卜」的英文寫作「Divination」。這個單字與「Divine」，亦即「神性的」一詞相關，原本指的是為了自身懷抱的問題而探詢神意。占卜原本的姿態並非停留於準確與否的吉凶判斷（這在英文中寫作「Fortune Telling」），而是向天詢問自己究竟該做些什麼。

考慮到這點，「該如何提問」在占卜中則顯得極為重要。

可以說並非被動地尋求結果，詢問「我希望能夠如此，但我該怎麼做才對？為此我需要些什麼？」才是原本所期望的模樣。

而在本書中詳細介紹的「凱爾特十字法」，則是透過展開十張塔羅牌，從各種角度呈現出你的問題。因此你首先需要做的，是盡可能搞清楚自身的問題所在。

話雖如此，如果你能憑一己之力達成詢問並回答的過程，就不需要「占卜」了。其中想必有些你所無法解決，或是至今仍未發現的事物。

在提問的過程中儘管有些模糊不清的內容也無妨，請相信塔羅牌並開口詢問吧，相信塔羅牌本身一定會告訴你什麼是至今為止都是盲點的關鍵事物。

另一方面，則切忌反覆詢問同樣的問題，或是抱著「試玩看看吧」這種半開玩笑的想法來面對。因為塔羅牌占卜的結果可能會超乎預期地影響你或商量者的內心，反而令人深陷於迷惘或煩惱之中。

POSITION 7

真心話

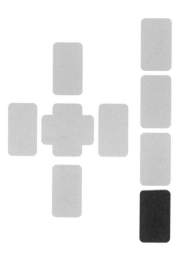

7 真心話的位置代表的內容

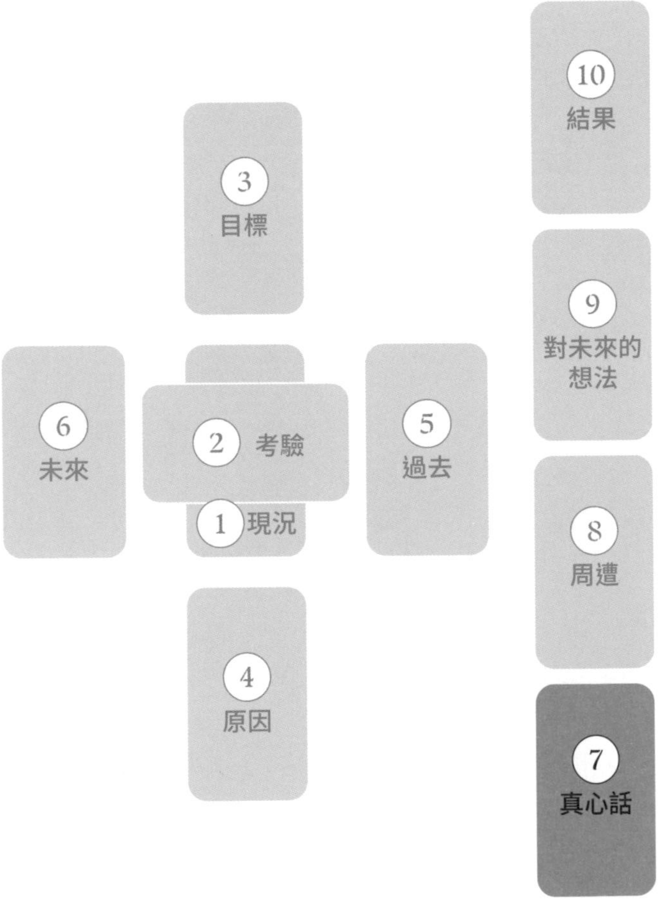

Hint 1

連你本身都沒察覺到的真心話

這個位置顯示的是連你或商量者本身都沒察覺到的真心話或真正的想法。可能是你下意識所期望的事，也可能是刻意隱藏起來的情況。此外，也會出現乍看之下與占卜內容並無直接關係的牌，儘管目前並不了解其涵義，也請加以關注，視為「該重新思考的主要因素」並試著解讀。

Hint 2

下意識或隱藏起來的想法動向

這個位置顯示的是下意識的事物，可從這裡判斷你對占卜主題的動機、期望、掛念等。比如說，其實也有儘管看似積極解決問題，實則並不希望改變現狀的案例。由於你針對占卜內容其實會下意識這麼想，才會產生〈②考驗〉……也可以透過這樣的思考過程得出答案。

Hint 3

解讀真心話的訣竅

從〈①現況〉依序解讀牌面涵義到這裡時，如果試著先回到一開始，就能推演出更為明確的真正想法。〈⑨對未來的想法〉的牌與此關聯格外深厚。真心話與未來息息相關，而未來的模樣也可能會受到你下意識內心想法的影響。請注意想法的流向並試著比較塔羅牌看看。

⑦

真心話

出現的是……

在你心中應該存在著
「想要變成這樣」的願望
然而就連這份願望
也會受到周遭的意見
或是環境的影響
在不知不覺間
與真正的心情
變得相距甚遠
而如今正是
應當闡明你的
真正想法的時候了

MAJOR ARCANA

0 愚者

想要不受常識束縛前進

目前的你或許是個注重常識，不會脫軌的人物，應該不會主動衝進危險，也不會做出蠢事。但這是「真正的你」嗎？「愚者」似乎是你內心的代言人，說出了你想要不顧一切前進、期望解放的想法。

1 魔術師

除了才華與知識，也作好萬全的心理準備

在你心中早已具備得以解決問題的技術或知識，這點你應該很清楚。不僅如此，你應該也意識到自己擁有才華或嶄新的視野。你似乎早已察覺到，自己已經站在起跑線上了。

2 女祭司

不受理論束縛，相信自己的直覺

你希望珍惜存在於自己內心的事物，而非理論或某人的建言——你是不是這麼想的呢？你的潛意識信任著自己出色的直覺。這或許是難以言喻的感覺，不過在你心中確實存在淡淡的願景。

3 女皇

真正想要的是能填滿內心的某些事物

你現在的真正想法似乎是想要獲得「活著的幸福感」，那可說是各式各樣的欲望，比如想要愛人、想接觸大自然、想置身於充滿創意的環境中、想獲得經濟上的富足。但你最渴求的其實是獲得能豐富心靈的某些事物。

4 皇帝

湧上心頭的責任感與決心

你希望自己能不流於私情地作出無可撼動的決定，不，是你認為應當如此。「皇帝」似乎鼓舞著你的內心。你應該早已擁有一顆堅強的心，不會受到「這種事太勉強、太艱難」的聲音所干擾，你已經作好扛起責任的心理準備。

5 教皇

堅決的價值觀存於心中

你心中似乎早已有了「正是如此」的定見。儘管那可能是「只要能先克服這個狀況」、「若是沒有這樣」……的想法。因此你會抗拒隨意聽取周遭的聲音，畢竟堅決的價值觀不能輕易地切換。

6 戀人

喜歡或討厭，答案很簡單

對你而言，「察覺他人的心情」、「衡量利弊得失」這類話語或許不過是表面話。想要貫徹「喜歡」的事物的心情、想依個人好惡判斷事物、想順從內心的聲音表達自己的喜好——這似乎才是你的真心話。

7 戰車

懷有不因障礙而屈服的執行能力

你似乎定睛望著前方，堅定地希望盡快付諸行動。你現在充滿幹勁，同時也具備能迅速展開行動的能力。儘管存在障礙或競爭對手，對你而言也不是什麼大不了的問題。

8 力量

凡事都不屈不撓的心，超乎預期的強悍

乍看之下，你似乎快被煩惱壓垮了，而你本身或許也是這麼以為。但「力量」牌告訴你的是，真正的你並非如此。存在於你內心深處的耐性或堅定不移的精神力，絕對不會向任何事屈服。

9 隱士

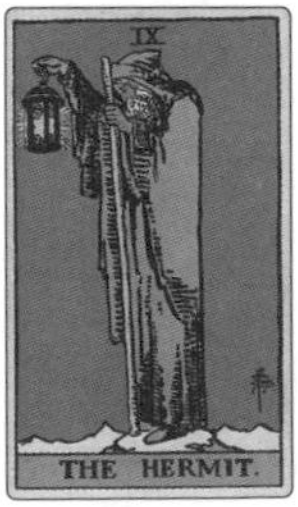

在自己身上找出照亮道路的光芒

老實說，你或許希望將外界的事物全部隔絕在外。你認為藉由關在自己裡面休息、反省，就能找到解決問題的線索。珍惜面對自己的時間並仔細思考後，應該能明白應當前進的道路已經敞開。

10 命運之輪

將靈魂付諸命運，並順從其指引

無可抗拒的事物、作為必然的偶然，「命運之輪」所拓展的就是如此龐大的洪流。這可說是憑藉人類的智慧或伎倆皆無能為力的現象。你的內心正在產生巨大的變化，似乎有某些超乎你預期的事物正在被推動著。

11 正義

司掌公平的女神就在你的心中

任何事物應當平等。偏袒是不好的，也必須停止帶有偏見的看法——你的內心正在如此吶喊著。儘管內心會因一時的情緒動搖，你似乎也清楚其實應該這麼做。在你心中有著冷靜的第三人稱視角存在。

12 吊人

必須重新設定應當瞄準的目標

你處於半吊子的狀態，或是無處可去。在這痛苦的狀況下，你或許會這麼想——「現在應當重新設定原本執著的目標」。畢竟維持現況也無能為力，你似乎認為只要換個角度，就有辦法走出低潮。

13 死神

內心下意識地接納結束

事情必須結束。你非常清楚，結束的時刻已經到來。只是你有意地畏懼這點、不願承認。儘管明白清算是好事，卻受不了自身價值觀或構築至今的事物瓦解，並感到畏懼。

14 節制

期望平穩而緩慢的變化

不同於以往的某些事物正靜靜地開始動了起來。那是微小到幾乎不會有人察覺的變化。你的真正想法在穿梭於有意識與無意識之間的同時，或許也一點一點地改變了。而你希望這變化是毫無衝突且平穩的。

15 惡魔

受到甜言蜜語引誘，想沉溺於欲望中

你的內心此刻正力不從心地被欲望所吞噬，惡魔在你耳邊如此低語——「其他事物無關緊要」、「依照本能行動吧」。擺脫理智或規則可說是極為甜美而難以抗拒的，你似乎為此感到動搖。

16 高塔

藏於內心深處的破壞衝動湧現

「我想破壞一切」、「任何事都無關緊要了」——可以聽見你的靈魂如此吶喊著。在你內心深處或許十分明白，如果想改變什麼或達成什麼，有時也需要大刀闊斧的激烈手段。可以隱約預見原本壓抑住的衝動正猛烈地膨脹，最後將會崩潰。

17 星星

存在於心中的點子與純粹的上進心

請試著窺探自己的內心，你應該會看見裡面有著美妙的靈感或點子。或許是被禁閉住了，這些充滿純粹希望的事物因此未能浮出檯面。在你心裡所懷有的是純粹的上進心與理想的型態。

18 月亮

內心因恐懼而處於飽和狀態

你現在似乎充滿莫名的恐懼，「月亮」牌代表你的內心正充滿疑神疑鬼的想法。你應當面對這種不合理的內心想法，但對於尤其想務實地解決事情的人而言，這可說是格外難受的精神狀態。

19 太陽

以純粹的眼眸祈願眾人的稱讚

你似乎有著希望獲得周遭認同、稱讚的強烈想法。在你內心殷切期盼能藉由自我表現而獲得成功。這並非出於野心，而可說是極為純粹的情感。你的眼眸中沒有一絲陰霾，如同孩童般充滿純潔的光輝。

20 審判

殷切期盼著逝去的事物復活

你的真正想法是不是期待著一度結束的事物能夠復活？那似乎是以前已經告終的事物，或是長時間懸而未決的事物。話雖如此，你所期望的並非過去的遺物，而是以「能從自己現在的角度重新構築之事物」這樣的形式復活。

21 世界

抵達巔峰，凝望未來

在你內心深處，察覺到自己已經抵達了某個巔峰。比如說雙六的頂點就是終點，到此就結束了，但人生並非如此。你現在似乎強烈地感覺到自己必須從那裡向前邁進，其實你還想繼續前進。

權杖一

首先想要有個開始，想要邁出步伐

你的真正想法是不是「總之想要有個開始」呢？既沒有具體計畫，也沒有沙盤推演，總之現在立刻就想邁出步伐——你似乎是這麼想的。充滿氣勢，「一不做二不休」的想法正湧上你的心頭，你滿懷熱情地想展開行動。

權杖二

進退兩難，內心深處糾葛不已

你現在的真正想法似乎正在兩個選擇之間劇烈搖擺不定。究竟該不該去？若不行動或許很安全，但有些事物非得採取行動才能掌握。你對於伴隨危險的道路感到不安或恐懼，但同時也有著完全相反，類似憧憬的情感或希望夾雜其中。

權杖三

遠大目標之前的初次成果

你正品嚐到頭一次的回饋感，並在內心感到滿意。雖然這不過是在通往目標路程上的微小成功，但對你而言意義重大。努力是值得的，首先從這裡開始——你似乎這麼想著。這是成功的第一步。

權杖四

希望有人能與自己共享喜悅

你似乎有著希望能與他人共享自身喜悅的強烈想法。你認為只在心裡下結論的並非成功，獲得他人祝福才算成功。若要舉例，你的真心話其實是「獨自創作的作品要讓人欣賞，獲得正面評價才有意義」。

權杖五

穩定的場所，抑或是邁向下一階段

你的心裡此刻相當混亂。老實說，你無法滿足於現況。但自己該踏上下一個階段嗎？——這樣的想法似乎正在天人交戰。一直待在儘管穩定但正在發展當中的地方，似乎會令你浮現「維持現狀就夠了嗎？」的疑問。

權杖六

想立於他人之上的期望與自負

在你心裡藏著「想成為脫穎而出的存在」這樣的想法。無論是談戀愛或工作上，總之你似乎希望自己能處於出類拔萃的位置。實際上，你或許也自負有著過人之處。不僅充滿幹勁，也自信滿滿。

權杖七

打好根基，積極主動地前進

你不能只是一味地看著前方猛衝，或是空煩惱而不採取行動。你似乎認為「若要向前邁進，首先必須打好根基」。不僅確定了目前的定位，還作好了積極主動採取行動的心裡準備。先下定決心再前進是正確的判斷。

權杖八

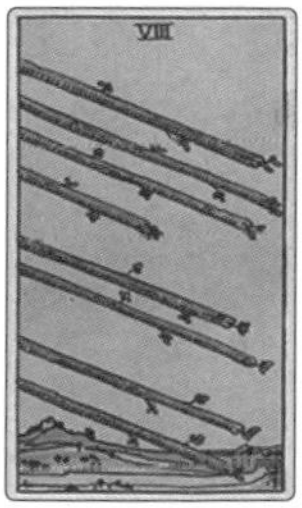

難以應對劇烈變化

老實說，你認為自己跟不上劇烈的變化。你似乎認為無論自己行不行動，都難以應對瞬息萬變的狀況。此外，對於無法按照想法進行的發展，似乎也令你感到煩躁，同時不知所錯。

權杖九

作好萬全準備，終於到了一決勝負之時

「一較高下的時刻終於到了」、「勝負就在眼前」——你似乎在內心深處這麼想。埋首強化至今的防具已經整備好，鬥志與精神也處於萬全狀態。你感覺到一切都在自己體內，接下來只需一口氣釋放而已。你已經作好了心理準備。

權杖十

心懷堅強意志，相信終點

你似乎肯定並期待著只要越過這座山頭，一切就不會有問題。儘管現況十分艱困，但你由衷相信前方一定有著美妙的終點。只要心懷堅強的意志，永不放棄地繼續前進，一定會有好事發生。從中感覺得到你的明確信念。

權杖侍者

幹勁與熱情接二連三地湧現

真正的你似乎充滿氣勢，認為「總之我想採取行動！如果不嘗試就什麼也不會開始！」。接二連三湧現的熱情，令你感到坐立難安。從未考慮作好事前準備或沙盤推演，只想得到微不足道的小事。可說充滿了天真無邪的衝勁。

權杖騎士

確實具備明確力量的感覺

你應該明確感覺到自己具備了實力或魅力。在「我這種人……」這種謙虛話語的背後，應該擁有明確的理想，且能感覺到得以付諸執行的力量。此外，也可代表友誼在心底轉變為愛情，或是對對方的心意正穩定地發展當中。

權杖王后

自己需要強韌的精神力與決心

你現在應該面對的是不屈服於任何事物，並具備強韌精神力與熱情，毫不分心，朝著目標勇往直前的態度。一種「非我不可」，類似使命感的決心。你似乎由衷認為自己需要擁有能接納任何事物的態度。

權杖國王

朝著目標勇往直前

你認為真正的自己會高舉目標的旗幟，向前邁進。躲在陰暗處猶豫不決、想東想西地煩惱並不符合你的天性。你似乎正在考慮朝未知的領域出手，大大拓展自己的活動範圍，其中似乎也蘊含了決心。

聖杯一

一切的根源是純粋且溫柔善良的心

你現在珍惜的事物是純真的情感。並認為追根究柢，一切都是基於純粹的想法才能成立。你應該覺得在採取行動的動機中，必定蘊含著誠意或純粹的能量，重視溫柔善良的想法則是其根基。

聖杯二

儘管受到吸引卻存在著緊張感

儘管你佯裝平靜，卻似乎強烈地受到某些事物吸引。這份情緒流動並不和緩，而是如同繃緊的弦。視情況而定，你或許會拿在意的對象跟自己作比較，不過你似乎壓抑了這份內心的悸動，並裝作沒察覺到。

聖杯三

受到眾人肯定十分重要

你很討厭飄忽不定、難以捉摸的狀況或定位，認為應該要構築更明確的關係比較好。你應該會由衷追求周遭眾人的承認或祝福等明確的事物。儘管表面上說得模稜兩可，但其實很珍惜能引以為傲的明確事物。

聖杯四

失去熱情，幹勁也停滯不前

說實話，你現在正處於「算了吧」的心境，是否失去幹勁，無法面對投注心血至今的事物呢？抑或是你單純覺得厭煩或疲倦了。身心似乎都顯得懶洋洋的，感覺很不暢快。

聖杯五

存在於內心深處的失落感與絕望

在你內心此時似乎被「我已經一無所有了」或「我失去了一切」這類悲傷所籠罩。失落感或絕望重重地打擊了你。儘管他人指出「前方還留有希望喔」，但你似乎聽不進這類話語或建言。你只想沉浸在悲傷之中。

聖杯六

珍惜能夠施予的喜悅

藉由施予他人所獲得的喜悅是最為尊貴的——你似乎由衷這麼認為。而且並非直接餽贈對方想要的禮物這種現實功利的作法，而是替對方著想地給予肉眼看不見的事物。為了總有一天開花結果的未來，你認為這樣的過程十分重要。

聖杯七

難以客觀審視狀況或自身

你的想法目前正傾向理想或幻想，而不太現實。陷入了視野模糊不清，難以正視嚴峻現實的狀態。你其實會覺得「一定沒有那麼糟糕」、「狀況出乎意料地好」。似乎也難以用客觀的角度審視自己。

聖杯八

做到最後一刻的感覺與放下的寂寞

儘管你在嘴上說著「我還能繼續下去」，但其實會覺得「我已經夠努力了」、「現在是收手的時候了」吧！要與執著至今的情感分開，令你感到有些寂寞。不過那雙腳應該已經轉往其他方向了。也有希望迎接轉機。

聖杯九

看似成功卻不感到滿足

人稱「聖杯九」是願望成真的好牌，然而被聖杯包圍的人物卻交抱雙臂，看似在抗拒些什麼。一般而言相當成功的狀況，對你來說或許仍是不夠滿足的狀態。究竟還缺少的那一樣事物是什麼呢？

聖杯十

深深品味由衷的喜悅

你在精神上似乎十分滿足，儘管並非一切都進展順利，但包括這點在內，你十分樂意接納目前自己所擁有的事物。你應該能品嚐到深深的幸福，卻也覺得有些害怕失去。

聖杯侍者

感受性豐富，富有同情心

你的心非常純潔且脆弱，就像幼童一般。表面上或許會展現倔強彆扭的思考方式，或尖銳的措辭，但你其實不想傷害任何人。你的感受性豐富，此刻正是同理他人並設身處地為之著想的時候。

聖杯騎士

重要的是接觸人的精神面

你應該會認為光是靠物理上的努力還不夠，要突破現況的難度很高。無論是任何事物，加以推動的都是活生生的人，這些人都有著各自的情緒。因此你似乎認為不僅是物質面，從精神面上著手接觸也是很重要的。

聖杯王后

你現在想相信自己的直覺

真正的你似乎正在呼籲要相信自己的直覺。不僅是條理分明地導出正確答案，還要捫心自問以抵達真相。你應該認為自己該運用的是右腦而非左腦。此外，也感覺到善解人意或包容的心意是很重要的。

聖杯國王

能以寬闊心胸理解他人

老實說，你現在心胸變得非常寬闊。明明是一般而言會令人心煩意亂的事情，但你內心深處卻認為「這算不了什麼」。由於你善於解讀人心，因此能設身處地理解對方的行動。

位置
1
2
3
4
5
6
7
8
9
10

寶劍一

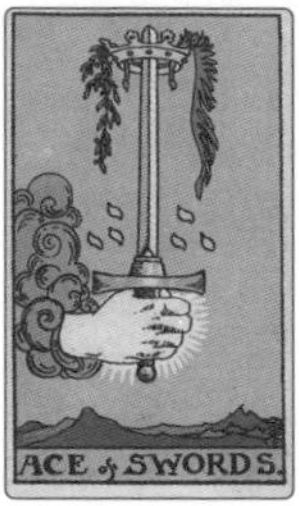

以客觀的觀點開始思考

你表面上或許會看似動搖，並顯得倉皇失措，但在內心深處，你卻非常客觀且冷靜。雖然暫時迷失了自我，但你現在似乎已經頭腦清晰地開始思考了。全新的概念與想法正一點一點地產生。

寶劍二

現在並非作決定的時候

其實你認為現在的自己沒有判斷能力。儘管嘴上說著必須儘速作出決定，卻認為現在不可能辦到。你似乎認為如果不先弄清楚自己的思考方向再作決定，很快就會窮途末路。你正靜靜地等待著機會。

寶劍三

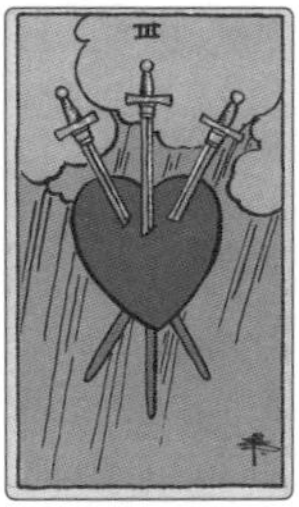

對於分離感到不安或恐懼

你現在似乎對分開或離別感到極為不安。表面上或許一臉若無其事，並認為自己沒有問題，但內心並非如此。此外，也可說是對於長大成人感到恐懼，或有種會受到傷害的預感。

寶劍四

身心都想喘口氣

「老實說，我很想休息」——你的內心正在如此說著。你現在或許正虛張聲勢地持續努力著，但你的心此刻似乎發出了哀號。「想要停下來」、「想要獨自靜靜地喘口氣」的內心吶喊，化為塔羅牌具體呈現了出來。

寶劍五

想要擁有獲勝的手段

希望只有自己獲得成功，想要立於他人之上——你或許會受到這樣的想法束縛。如果說這社會就是如此不平等，自己就想要先一步取得獲勝的手段，這才是你的真心話。不過另一方面，你似乎也認為有時迅速抽手也很重要。

寶劍六

超越自我，邁向全新階段

你現在想要褪去老舊的窠臼蛻變重生，並認為自己能辦得到。也可以說你正在尋求成長，並摸索能夠超越現在自我的思維。此外，塔羅牌有些時候也可能只是單純呈現出你想要旅行的願望。

寶劍七

想要迅速吸收資訊或經驗

你似乎正在考慮要迅速吸收資訊、技術、經驗或知識等事物。並認為能藉此克服目前面臨的問題。不過，在你自己的內心一隅似乎也抱持著疑問，這麼做真的就能完美達成嗎？沒有不足之處嗎？

寶劍八

走投無路且感覺四處碰壁

你感覺自己陷入了無能為力的狀況中，精神上被逼入困境，並認為自己走投無路，動彈不得。儘管實際上仍能動彈，你也會覺得眼前有著高牆所以辦不到，或是對自己而言太過勉強等，自認為一旦行動就有危險。

寶劍九

湧現的不安占據心頭

若用一個詞彙來概括，你的真心話就是「不安」。你的氣力耗盡，滿腦子都被瑣事填滿，並被某些事物逼上絕境的感覺所控制。夜不成眠，會因為作惡夢而在半夜驚醒。在黑暗之中，這份不安似乎又進一步湧現，並占據你的心頭。

寶劍十

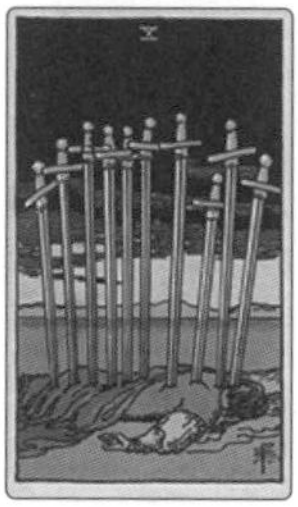

對理想與現實之間的落差感到失望

你認為自己的出色點子無論如何都無法實現，因此自暴自棄，這份不滿似乎在你心裡根深蒂固。理想與現實之間的鴻溝令你感到失望，對於妙計變得平凡無奇感到沮喪。這令你覺得悽慘、悲傷而憤怒，並處於幹勁被這些情緒剝奪的狀態。

寶劍侍者

前所未有的嶄新點子

在你腦中似乎有些極為嶄新的點子，而你其實很想加以發表。比如說修改陳腐如故的規則、採納與過往截然不同的作法等。「我想這麼做」的熱切想法似乎一天比一天還要強烈。

寶劍騎士

由衷追求資訊的速度及分量

你由衷認為需要的是「更加迅速」、「更多資訊」，搞不好這可以說是所謂「速度就是正義」的感覺。你正在考慮採取一心二用、一心三用的方式同時處理各式各樣的事情，藉此掌握成功。

寶劍王后

以客觀的觀點作出冷靜而透澈的判斷

你的真正內心十分冷酷，總是客觀地審視事物，並冷靜分析狀況。而且你似乎認為應該不受私情絆住，得冷靜而透澈地作判斷。你認為選擇根據過去案例或經驗法則中導出的，理論上的最佳策略，是既公平且正確的。

寶劍國王

需要的是準確分析狀況與冷靜嚴肅地作判斷

準確地分析狀況，得出合乎邏輯的正確答案是最為重要的，而所需要的是冷靜嚴肅的判斷——你深感如此。至今為止，你或許常出於感性而採取行動，但到了這一步，你認為光靠溫柔是有極限的，這麼做已經行不通了。

錢幣一

重視具體且嶄新的道路

單憑情感論是無能為力的，僅靠精神上的事物也無法前進——你似乎是如此認為。如果你說出「心情是很重要的」，這種話或許只是表面話，你的雙眼凝視著的，是具體的全新事況或解決問題的手段。

錢幣二

內心渴望的是輕快的互動

你的內心所追求的似乎是更為靈活、輕快且愉悅的交流。那是毫無意義的互動，或優先度較低的輕鬆人際關係。你的拋接球並不是為了提升棒球技巧，而是純粹為了享受。你認為人生而在世，這種事物是非常重要的。

錢幣三

仔細玩味微小的成果

你現在似乎稍微感覺得到手感，儘管將「還差得遠」、「這算不了什麼」掛在嘴邊，但你其實正心想「我很努力了！」。雖然你自己也不認為這是龐大的成功，但你覺得能夠達成這項目標，將會成為今後的心靈支柱。

錢幣四

什麼也不想放手的強烈心情

老實說，你滿腦子都是「這麼做會不會吃虧？」的想法。你當然明白若是不在地上播種，就無法收穫果實的道理，只是相較於此，你現在更討厭放掉某些事物。你會忍不住留在手邊，而不會有「總之先投資」的想法。

錢幣五

渴望與境遇相似的人互相支持

由於強烈希望不再受到傷害，你渴望能與境遇相似的人待在一起、互相支持，這是你的真正想法。會看著網路上的煩惱諮詢話題，心有共鳴且感到放心。你所想要的似乎是能夠沉浸於相似的悲傷中，能夠肯定自己的一切並加以療癒的存在。

錢幣六

富有之人應當慷慨分享

在你內心深處似乎存在著「富有的一方必須與窮困的一方分享」的教訓。你似乎認為慷慨且深富同情心是很重要的。相反地，如果自己身為窮困的那一方，你可能會認為應當向富有的那一方低頭。

錢幣七

無論結果如何，在此先告一段落

在你的心裡正想著「首先在此告一段落」。無論你現在是否對手中的結果感到滿足，都認為應該在此先告一段落。你似乎認為「只要回顧以往的過程，並活用於未來即可」。

錢幣八

努力與堅持不懈十分重要

到頭來還是腳踏實地才正確，堅持不懈的人就會獲勝——你似乎真心如此認為。你可能從事著不起眼的事情，或是技術還趕不上，儘管如此，在你身上仍有著「只能有耐心地繼續前進」的想法，而得以累積努力。

錢幣九

內心感到滿足，十分穩定

在你的內心似乎毫無煩惱，儘管表面上可能會顯得焦慮或猶豫不決，但你其實並沒有那麼困擾。你有著優秀的自制力，精神狀態穩定。儘管並未當真，似乎也能游刃有餘地試著煩惱看看。

錢幣十

切身體會明確的幸福感

說實話，你現在似乎很滿意自己的立場。你是否擁有穩定的地位或財富，正切身體會著明確的幸福感呢？不過若想維持現在的幸福，你需要的是紀律或耐性。你無法否認這令自己覺得有些麻煩。

錢幣侍者

從初次報酬獲得手感

老實說，你現在似乎稍微感覺得到手感，如果是工作上，你現在是頭一次領到報酬的狀態；若是在愛情上，則是你的體貼獲得了小小的禮物作為回報。收到這份報酬後，你正在思考如何做出目前自己所能辦到的最大回應。

錢幣騎士

努力的積累十分重要

到頭來，成功沒有捷徑，僅能腳踏實地地努力——這是你的真正想法。另一方面，在你累積努力至今後，應該即將體會開花結果的手感。你由衷認為一個個跨越微小的障礙是很重要的。

錢幣王后

反覆腳踏實地的努力很重要

雖然你有時會被天才型的靈感，或能一蹴可幾完成事情的才華所吸引，但到頭來，你似乎還是認為每天反覆腳踏實地努力才是最重要的。此外，你可能也會把喜獲麟兒、累積個人財產等實際的「結果」放在第一優先，是顯得略微保守的狀態。

錢幣國王

追求社會性的成功

你現在正壓抑著內心想獲得社會性成功的強烈欲望。想要穩固的地位、想要獲得經濟上的富裕、出人頭地——這樣的欲望往往令人感覺庸俗，而你本身似乎也不想意識到這股衝動。

COLUMN⑦

小阿爾克那的「花色」象徵著什麼？

小阿爾克那是以四種花色（符號）、從一到十的數字以及宮廷牌（人物牌）所構成的塔羅牌。大阿爾克那很容易從牌的名稱或牌面圖案聯想其涵義，但一開始想從小阿爾克那來發揮想像力，或許相當困難。因此，我就在這裡告訴各位如何解讀花色吧！

【權杖】（棍棒）

「權杖」帶有指揮用工具的意象，意謂著基於明確意志而散發的能量。此外，由於點火後就能成為火把，因此在四大元素中，也與代表熱情或力量的「火」相對應。

【聖杯】（杯子）

在西方傳統中，杯子意謂著領受耶穌寶血的「聖杯」。與容納血液的容器心臟（Heart）相結合，而成為代表愛情或情感的象徵。由於杯子是盛裝液體的容器，加上情感是如液體般流動的事物，因此與四大元素中的「水」相對應。

【寶劍】（劍）

為了正確地揮舞「寶劍」，需要擁有冷靜及判斷能力。因此在四大元素中，也與代表智慧或思考的「風」相對應。此外，揮舞寶劍的風也暗示著與「風」之間的關聯，同時也可強調分裂事物、冷酷、無情的意義。

【錢幣】（金幣）

「金幣」代表物質上的豐盛、享受現實的代價。因此在四大元素中，這與代表了現實、五感（享受現實的感覺）等的「地」相對應。既是在現實中腳踏實地活下去所需的象徵，也代表著與這類事物之間的關聯。

此外，在現代魔法塔羅牌中，錢幣也可解釋成魔法道具「五芒星」（Pentacle）。

POSITION

8

周遭

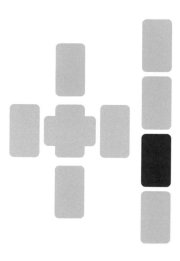

8 周遭的位置代表的內容

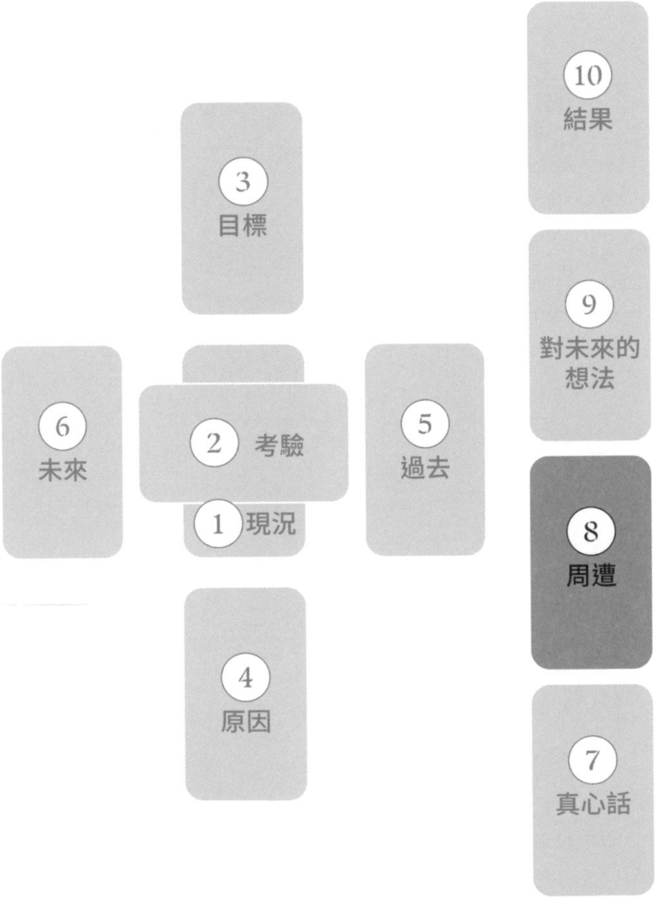

Hint 1

周遭的狀況、眾人的心情

這張塔羅牌顯示的是周遭的外在狀況，比如周遭狀況或是你身邊眾人的心情等；同時也代表著周遭對你的看法；而反映在你內心的周遭狀況，以及你如何應對的方式也會在此呈現。請依你當下的靈感來決定要採用何種判斷。

Hint 2

外在主因對你造成的影響

請注意這張塔羅牌的圖案，比如說女性或小孩等，與牌面上人物形象相似的人物，往往會與你有著深厚關聯。此外也可判斷成「置身於塔羅牌所象徵的環境中」。比如說，如果出現的是「惡魔」牌，代表可能受到誘惑；「戀人」牌則代表受到熱情且愉快的人們環繞—也可以如此解讀。

Hint 3

解讀周遭的訣竅

與〈⑧周遭〉關係最密切的塔羅牌為〈①現況〉，你目前所處的狀況或立場，與代表你周遭狀況的牌息息相關。此外，在〈①現況〉中可看出你本質上所懷抱的問題，其原因也會影響〈⑧周遭〉。請別只是將其視為反映周遭眾人的事物，而是回到原點重新思考牌面涵義。

8

周遭

出現的是……

一個人只要活著
就不可能不受到
人際關係或環境等
周遭事物的影響
這與你的人生或未來
都有著重要關聯
正因為如此
才必須詳細理解
自己置身的環境
究竟處於何種狀態

MAJOR ARCANA

0 愚者

從嶄新狀況開始的全新動向

在你身邊或許有人會做出令周遭眾人擔憂不已的言行舉止，抑或是周遭人們的危機意識較低，使你並未深入思考事物。無知或沒有成見的周遭狀況，似乎會大大地左右你的未來。

1 魔術師

具創造性、獨一無二且獨立心旺盛的存在

具創造性、才華或技能洋溢且充滿魅力的人物，似乎會對這個問題造成影響。這個關鍵人物可能是想要展開全新事物的人，或是最近剛獨立的人。此外，也可能是周遭對你的評價是「可以多相信自己的能力一點……」。

2 女祭司

尊敬超乎你理解的人物

周遭眾人似乎比你所想的更為深思熟慮，而且連你並未察覺的事情也考慮了進去。別只以表面上的言行舉止判斷，也試著傾聽周遭的狀況或聲音。在你身邊的某個神祕人物，其實掌握了問題的關鍵。

3 女皇

母性溫柔的正反兩面

你會覺得周遭是充滿愛情的環境，存在著總能溫柔接納自己的安心感。然而另一方面，似乎也會產生「無論做任何事都會獲得原諒」的想法，請意識到存在於你心中那份「對母性撒嬌」的心理。

4 皇帝

具有能力的領袖人物

在你周遭似乎存在具有能力及強大領導力的人物。你能夠遵從那股「力量」嗎？抑或是試圖對抗那股力量？關鍵在於如何令自己意識到，刺激你隱藏的競爭心理的人物或狀況。

5 教皇

只要環顧周遭，就會找到得以信任的存在

「教皇」是受到許多人仰賴且尊敬的人物。聽到這樣的形容時，你第一個聯想到的人是誰呢？這不僅限於熟人，也可能是雖然不常互動卻值得信任的人、能讓你放心敞開心房的人。有時候可能是你帶給周遭眾人的形象。

位置
1
2
3
4
5
6
7
8
9
10

6 戀人

有人以友善的視線看著你

在你周遭似乎有人希望能與你成為夥伴，可能是指戀愛上的情況，也可以是純粹的朋友或隊友。無庸置疑的是，對方對你有友善的好感。視情況而定，也可能是指原本起爭執的對象對你伸出友誼的手。

7 戰車

你是掌握劇烈狀況韁繩的人

周遭的狀況似乎以超乎你預期的態勢，氣勢驚人地發展著，是否要順勢而為，就看你自己而定。由於周遭似乎展開氣勢驚人的動向，儘管與其同步，你仍會堅守自己的步調。若能拿捏好其中的平衡，似乎是件好事。

8 力量

能接納你這個人的存在

在你周遭似乎存在著能善加應對你粗暴情緒的人物。請將你的真心話和盤托出，對方一定會令你冷靜下來，並巧妙地釐清你難以言喻的思緒。若想接受來自周遭的恩惠，你本身也必須敞開心房，不宜固執己見。

9 隱士

遭到隔絕的狀況與其中的規則

你目前置身的環境，搞不好是與其他社會或世界保持了距離的特殊共同體。請珍惜這個社會獨有的色彩或文化，努力花費時間去理解你置身的那個世界的價值觀；也可能是出現了具影響力的長輩。

10 命運之輪

狀況一百八十度改變，命運開始轉動

一切的事物現象似乎都正在大大地動起來，你周遭的人物或狀況將會一百八十度地改變。你或許會有命運般的邂逅，或受到意料之外的人物支援。另一方面，也可能會遭到意想不到的人物背叛，或在沒料到的情況下遭到暗算。

11 正義

出現平等看待事物的第三者

似乎會有能公平看待一切的第三者介入。可以預見那個人物將以廣闊的觀點審視事物，並成為引導你解決問題的關鍵人物。只不過，這份判斷對你而言未必有好處，終究只是公平。如果你本身也能以客觀的態度評價，狀況似乎會好轉。

12 吊人

在動彈不得的狀況下自我犧牲

周遭的動向似乎停了下來，或許連針對你的問題回答YES或NO都有難度。不過，可能會有人即使得犧牲自我，也要對你作出承諾。若出現了不計利弊與你聯繫的人物，那就會是最棒的合作對象。

13 死神

舊世界為了新世界而終結

狀況一百八十度改變，在你周遭環境中的某種事物，以超越個人能力的形式「告終」了，接著新的事物也會展開。至今為止的作法變得行不通，條件也大幅改變，因此必須作好應對變化的心理準備。抑或是你身邊的人物心境或態度產生了改變。

14 節制

寬容且節制的平穩形象

儘管看似什麼事也沒發生，周遭眾人仍能互相溝通，然而，狀況正緩慢而積極地產生變化。處於其中的你也自然而然地接納並適應。只不過，看似平穩，其實也正在發生細膩的變化，請將內心的天線對好那微小的動向。

15 惡魔

忠於欲望，具有危險魅力

你正處於充滿誘惑的狀況中，身邊是否存在具危險吸引力的人物？抑或是道德倫理觀薄弱的人物？對方甜蜜誘惑的聲音，或許能輕易地與你心裡的「惡魔」產生共鳴。雖然不需要百分之百毫無汙點，但請意識到你心裡的「邪惡」一面。

16 高塔

當所有關係重置之時

周遭的狀況似乎面臨了重置的時刻。受到原本信任的人物背叛、遭遇沒有預期的意外……或許會發生許多令人震驚的事件，但另一方面，這也暗示著已腐敗、僵化的狀況即將遭到突破。

17 星星

在黑暗中看見嶄新的希望之光

你正處於充滿希望的狀況中，周遭眾人似乎把你或全新的狀況視為「希望」。儘管處於窮途末路的情況下，也會逐漸產生下一個目標或理想。關鍵在於全新的朋友或網絡、擺脫因循苟且的社會「立場」重獲自由的人際關係；或指積極使用社群軟體。

18 月亮

處於模糊不清的距離感與不穩定的狀況

周圍的情況顯得很不透明，或許有的人無法信任你。至今仍存在某些肉眼看不見的不安因素，請提防無法明確回答問題的人物。另一方面，藝術或占卜等與直覺有深厚關聯的事情會有吉兆，現在正是想像力運作的時機。

19 太陽

生命力強悍，光彩奪目的存在

你正處於前途光明的狀態。你可以光明正大地說出自己的真心話，並與周遭構築起健全的關係。此外，至今為止所看不見的事物會因為「攤在陽光下」而揭曉。周遭眾人似乎會肯定你並公開表示支持。此外，這也暗示著與孩童相關的狀況。

20 審判

挖掘出過去關係的狀態

一段過去的關係死灰復燃，這指的可能是一度認為已經結束的友誼、在沒有明確分手的情況下逐漸淡去的交往關係，此時又被挖了出來。而且不僅是復活，甚至還為了邁向下一階段而重新出發。

21 世界

環顧周遭，作好萬全準備

可以預見當你想更上一層樓時，你所需的人物將會現身，對方應該會引導你邁向前方的世界。此外，周遭會認為在你手中已具備所有的牌，無論你本身是否有自覺，但你已經為了抵達終點而作好完美的準備。

權杖一

雖然擔憂失敗，卻對熱情感到欽佩

某些事儘管有準備不足的傾向，卻氣勢驚人地即將啟動，比如說展開新專案企畫等，令周遭熱情洋溢。你也在那項行動之中嗎？抑或是「某些」與你方向相異的事物正要展開？

權杖二

儘管想採取行動，想法卻正好相反

你正處於充滿矛盾的狀況中。雖然即將展開某些事物，另一方面卻又有人感到畏懼。叫你「前進」的人物與叫你「停下」的人物或許會同時出現；抑或儘管是同一個人，卻說出了意指「YES」的「NO」，或意指「NO」的「YES」。

權杖三

努力開花結果並獲得稱讚

在你周遭似乎有人願意相信你的努力。對方目前或許還不覺得你能獲得巨大的成功，不過似乎認為你是個積極行動、能累積微小成果的人。當你的努力開花結果時，對方也替你高興並加以稱讚。

權杖四

自己的成功獲得祝福

似乎有些人會把你的成功當成是自己的事一樣高興，並給予祝福。你並不會獨占自己的成功，而是認為這是與所有相關人士一同獲得的事物。這一點確實地傳達了出去，因此你處於能夠與他人共享喜悅的幸福狀況。

權杖五

預見因瑣碎錯誤而導致內訌

你與周遭眾人之間，似乎發生了某些麻煩。這或許是因為出現了無法滿足於現況的人物，導致內部狀況因此分裂。可以看出對方指責「應該破壞目前的穩定」的態度，並可窺見這些麻煩其實是由瑣碎的錯誤所引起。

權杖六

充滿自信，堅定不移的贏家

在你身邊似乎存在某個具有領導能力，或處於優勢地位的人物。那個人充滿自信，身上散發著無可撼動的勝利氣息。然而，似乎有些人因為對方的存在而淪為陪襯，雖然沒有表現出來，卻因此感到不滿。

權杖七

積極進取且保持警惕的人

你或許正處於需要與周遭討價還價的狀況，也可能會以微妙的形式爭奪起優勢地位。不過，由於對手掌握地利、門路等，導致他們高出一籌。不過，只要不放棄地交涉或參與，或許就能扭轉局面。

權杖八

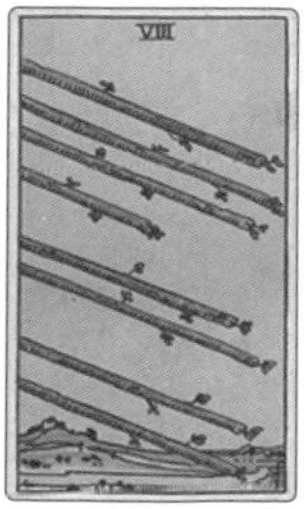

接受新鮮的刺激，光芒洋溢的印象

你處於周遭正以驚人氣勢行動的狀況中。既給人不穩定的印象，你本身也被迫採取行動。看似被逼著接二連三地應對急速的變化。不過這並非全是壞事，接受全新的刺激，會給人生氣勃勃的印象。

權杖九

充滿力量，擅長防禦的人

在你附近似乎有個防禦力高強的人物。對方並非在手無寸鐵的情況下無奈地防禦，而是作好了萬全準備並鞏固周遭的優秀人物。自身的能量強悍，蘊含的力量彷彿隨時會迸發。然而，也可能會被人認為是不願傾聽他人意見。

權杖十

看似難受，其實是接近成功的人物

看在周遭眾人的眼裡，你顯得十分痛苦，非常難受。不過你朝著終點努力的身姿，令人認為你肯定能獲得重大的成功。此外，也可能是在你身邊有個具備強韌意志、面對困難也不感挫折的人物，並對你造成了影響。

權杖侍者

熱情充足，問題是經驗尚淺

在你身邊有著充滿幹勁及熱情的人物。儘管對於自己該做之事充滿驚人的期待與熱度，反之卻也存在著因無知而造成麻煩、經驗尚淺而造成問題等情況；也有可能是周遭認為你是這樣的人。此外，也暗示著將會收到某些訊息或新聞。

權杖騎士

朝著目標筆直前進

似乎會有個直率而強大的人物，成為你的關鍵人物。無所事事地度日、毫無目標地做活的情況，絕對不會發生在這個人身上。事態將會以驚人的氣勢發展，請以駕馭烈馬的心情，推動你的計畫。

權杖王后

思考積極進取，且具備靈活能力

你擁有的並非逼人臣服的絕對力量，而是靈活且溫柔的力量、積極進取的思考及領袖特質。現在的你可說是正散發此種魅力，吸引著周遭眾人。抑或是暗示你身邊將會出現具備靈活而強韌的力量，且態度沉穩的女性。

權杖國王

充滿自信且具有威嚴的領導者

請試著環顧周遭，在你身邊是否擁有非常可靠的人物？對方充滿威嚴、自信且具上進心，會在你迷惘時給予強力支援，或如領導者般提拔你往上；也可能是一名魁梧的男性長輩。

聖杯一

溫柔、有誠意且純真的人物

這張牌代表愛的開始，暗示著周遭正溫柔地呵護著你，並會以你為中心逐漸發展全新的人際關係、愛情、溫柔及內心羈絆。請坦率地敞開心房，回應這份心意，沒有必要多疑，珍惜這份純真的心吧！

聖杯二

懷著好感的競爭關係

在你面前似乎會出現被彼此強烈吸引的人物，然而這份關係並不穩定，而是如略微嗆辣的辛香料一般。你與那號人物之間，瀰漫的並非甜蜜氣息，而是適度的緊張感。雖然懷有好感，卻又互相競爭著。

聖杯三

受到周遭祝福，擁有微小幸福

周遭的人認為你雖然無法獲得巨大成功，卻是能確實掌握微小幸福的人物。此外，似乎有許多人會祝福你所珍惜的微小喜悅，這正是來自周遭眾人的愛情。

聖杯四

流勢停滯，沒有動靜的印象

你正處於沒有動向或鮮明的靈感，僅是停滯於原地的狀態。給人滿滿的水無法流向任何地方的印象。這不同於完成或結束，而是停滯於半路上的狀態，或許是苦於故步自封的緣故。

聖杯五

眼裡所見只有失去的事物

周遭眾人對你的印象是「有什麼好垂頭喪氣的？」，對於你眼裡只有失去的事物，眾人應該會覺得「你明明就沒有失去一切」。此外，或許會有人對你指出你手邊還留有什麼事物。

聖杯六

別被純潔、不成熟或鄉愁所控制

你看似開朗愉快，但或許正沉浸於過去的鄉愁之中。正處於無法正視社會變化或自己等人的狀況，而兀自停止成長的狀態。雖然這是個沒有惡意的和平環境，但若想活在現實中，還是需要改變。必須有人承擔起那份責任才行。

聖杯七

如同置身夢境而看不見現實的狀況

若想實現你的理想，目前的環境或許並不完善。一旦遭到埋沒，連你本身的可能性也會如同海市蜃樓般告終。周遭的人具備符合那項夢想或目標的能力嗎？會不惜一切地努力嗎？請嚴格審視這點。

聖杯八

一切結束，放下執著的時候

目前的環境對你而言，或許顯得框架過窄。無論待得多麼舒適，若想將名為「你」的花朵培育得更好，還是需要移植到更大的花盆裡。你周遭的人或許也擔心著這點，認為不能永遠挽留你，讓你待在這老舊的環境中。

位置
1
2
3
4
5
6
7
8
9
10

聖杯九

物質上萬事具備

周遭的環境幾乎是滿分。有願意支持你的人在，實現願望所需的條件也幾乎齊備，資金面及物質面上都萬事俱備。不過，若要說起精神上是否同樣滿足，那就另當別論了。如果你想獲得真正的富足，似乎還需要認真尋找另一片拼圖。

聖杯十

物質與精神上都十分滿意的狀況

這張牌顯示著十分滿意、充滿幸福的狀況。如果這樣還要抱怨，或許會遭到天譴。如果無法這麼認為，請試著尋找目前情況的加分面，這麼一來，你應該會明白現況出乎意料地不差。此外，即使調查扣分面，似乎也能想出更為具體的解決方案。

聖杯侍者

擁有純粹內心，容易受傷的人

個性既細膩又體貼，並常保一顆純粹的心——在你周遭應該有著如此溫柔細心的人物。不過，對方的內心顯得極為容易受傷，因此似乎會過於在意周遭眾人的眼光而感到心力交瘁；也有可能是別人認為你是這樣的人。

聖杯騎士

感受性豐富的藝術家

在你周遭有著具藝術性的人物，而你與對方的感性在深處產生了共鳴。無論情況有多痛苦，這份感受性的交流將會為你帶來光明。也暗示著很棒的戀愛對象，單身的人可以好好期待。

聖杯王后

敦厚且有力量的人拯救了自己

有人對你伸出了援手，那是一名沉穩善良的女性，或是具有女性特質面向的人物。對方雖然溫和敦厚，但十分堅韌，應該能溫柔地包容你受傷的內心。此外，這張牌還提醒了一件事——關心周遭是很重要的。

聖杯國王

嚴厲與溫柔兼備的存在

在你身邊似乎存在顧問、老師，或形象相符的人物。對方雖然嚴厲，卻也溫柔而富有愛心。對方應該會接納你的情感，靜靜陪伴在你身邊。抑或是周遭有人認為你是這樣的人。

寶劍一

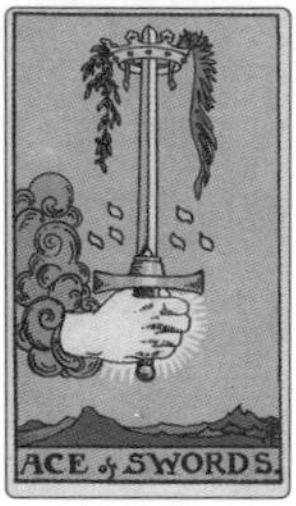

應以明晰意識站上的舞臺

你吃驚地看著各種事物變得明確，並產生全新的可能性。清楚描繪出的狀況，也令你的意識變得明晰。其實你能很明確地區分自己能夠活躍的舞臺，以及不該插手的領域。

寶劍二

隱瞞真心話，愈發感到迷惘

看到你猶豫不決的模樣，有的人會說「快點作出決定就行了」，也有人會說「現在不動才是正確的」。局外人的矛盾言詞，或許會令你感到更加迷惘。若是隱藏自己的真正想法，只會更容易被人多管閒事。

寶劍三

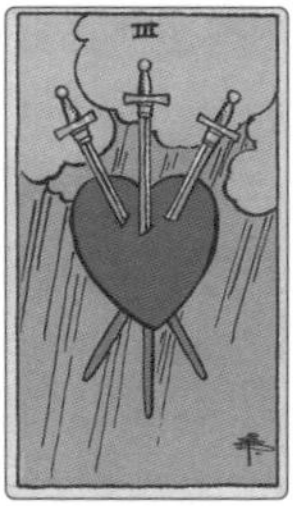

成長所需的別離可能性

在周遭的影響下，你或許會面臨某些別離，可能會有具體的人物成為契機。你悲傷哀嘆的模樣慘痛地映入眾人的眼簾，但一部分人會認為「痛苦是必要的」、「每個人都經歷過」。

寶劍四

向過去學習，成為成熟的自己

發生爭執、有人被孤立……周遭的狀況是否令你感到胸口疼痛？搞不好你正以自身過去的經驗作對比，以公平的立場參與其中。你在精神面上已長大成人，請以自己為榮。

寶劍五

了解自己，作出最好的選擇

某個不知妥協為何物、自我中心的存在，正在奪走你的判斷力。或許還有反遭怨恨的不安，令你不知道該如何應對才好。在這種時候，最重要的是了解自己。捨棄多餘的自尊心逃跑，有時也是上策。

寶劍六

由於思考方式的變化而加深關聯性

似乎會有並不理解彼此的人物突然接近你，至今為止似乎都無法順利溝通，但此時你終於理解對方了。這或許是你深知針對他人的思考方式後，學會從多方面觀點來審視的結果。

寶劍七

如何周旋於慌張匆忙的現代

對於周遭重視效率的進展，你是感到疑惑還是接納呢……無論如何，你總覺得每一個人似乎都活得十分忙碌，並思索著自己該如何周旋其中。在這個階段，妥善運用表裡兩種面向也是一個方法。

寶劍八

在漫長人生之中，處於孤立的時期

儘管在你不得不承認自己極限的狀況下，也一定能從中學習到某些事物。儘管會遭到周遭孤立，你應該也會察覺唯有在如此痛苦的情況下才得以發揮的力量。搞不好你現在所需的是只專注在自己身上，在漫長人生之中，也會有這樣的時期。

位置
1
2
3
4
5
6
7
8
9
10

寶劍九

真的有必要如此恐懼嗎？

周遭環境觸動了你的不安，或許會令你夜不成眠。抑或是罪惡感或自卑感遭到刺激，令你很想就此消失。但是當冷靜下來後，你應該會發現情況並不是那麼遭。是你本身的恐懼令未來變得漆黑一片，請你察覺這一點。

寶劍十

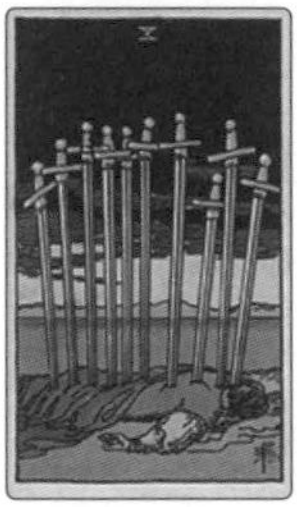

儘管不可能實現，也是有意義的學習

在你周遭似乎會有某些事物邁向終點，但也有全新開始的事物取而代之。這個點子雖然出色，但可能會因為太理想化，導致最後無法具體成形。不過對於正在觀看這一連串過程的你而言，這會是很好的學習機會。

寶劍侍者

斬斷老舊障礙的勇氣

在你附近或許存在某個抱持稍微惡作劇的想法，擾亂你內心的人物。抑或是周遭全都拚命地提出嶄新而劃時代的點子，而你可能受到影響，顯得慌了手腳。儘管如此，試圖斬斷老舊障礙並不是壞事。

寶劍騎士

享受緊張感並應對麻煩

你能享受眾多事物同時進行，發展令人眼花撩亂的狀況嗎？當大量資訊湧入時，你必須全速處理。應對意料之外的麻煩並不容易，但這份緊張感會成為很好的刺激。

寶劍王后

不流於情感，作出適當的判斷

在你周遭，根據某人的經驗或過去的資料得出的答案，可信度可說非常高。總是作出適當判斷雖然困難，但重要的是不受情感左右的客觀觀點。而成為榜樣的那個人物，將會告訴你何謂精神上的強悍。

寶劍國王

以寬大的心審視世界

對於周遭的嚴厲看法，會令你也逼自己忍耐。雖然感到不滿，但只要理解在這世上有著各式各樣的人並看開後，你的心胸應該也能開闊許多。只是盡說些正確言論，事情也不會有進展。一定會出現能肯定你智慧與果斷決心的人物。

位置
1
2
3
4
5
6
7
8
9
10

錢幣一

生活本身開始起變化

你周遭的物質及經濟狀況似乎會有所改變，那大致上是好的方向。你似乎會開始與全新的現實有所關聯，以此為契機展開新的工作或興趣。儘管是微小的變化，今後也會長期受到影響，就結果而言，為你的人生帶來了巨大的改變。

錢幣二

交換某些事物，建立互助關係

你會進行公平的互惠交易，不僅是在收到禮物時回贈這種物質上的交易，同時也會在接受對方善意後，當對方有困難時出手相助這種精神上的交易。你似乎也在這個互惠圈裡享受著恩惠。

錢幣三

看著成功的人，自己也重新下定決心

你身邊似乎存在腳踏實地累積努力後獲得成功的人物。而當你看見對方成功掌握夢想的欣喜模樣，幹勁也隨之提升。「我也要加油！」你會這樣重新下定決心。此外，實際上在你周遭也已經鋪整好了土壤，只要努力就會開花結果。

錢幣四

不肩負風險的防守體制

你與周遭眾人都滿足於現況，而且進入了防守體制，認為與其失去手邊所擁有的事物，不如不要採取任何行動。因此你的周遭正陷入了無論在物質上或精神上都難以進步的狀態。

錢幣五

匱乏感與應當如何面對

這是代表「匱乏」的牌。或許是沒有足夠的資金或資源來解決問題，抑或是周遭如此判斷。支援著你的人也不會再繼續分神投入，你現在的課題中日益萎縮的物質條件，又應該如何面對？別讓內心也跟著貧瘠了。

錢幣六

「贈與」是使這社會運轉的愛之羈絆

由物質上及精神上都受到眷顧的人，給予有困難的人某些事物的「贈與」牌。你現在是贈與的一方，還是接受贈與的一方？你無須感到內疚，相反地也不必施恩圖報。這個社會就是如此互相幫助的。同時也會產生所謂「經濟學原理」之外的心靈交流。

錢幣七

在過度熟稔的環境裡會減緩成長

你成功累積了一定程度的實際成績。但沒有人嚴厲地盯著你，你因此處於敷衍了事的狀態。或許沒有半個人能對你說出「這樣下去是不行的吧」、「還缺少了什麼事物」這類話語。那麼，是誰要替貓繫上鈴鐺？應該還有你能做的事情才對。

錢幣八

磨練專屬於自身技能的狀況

你會被交付值得挑戰的工作，獲得得以察覺自己擁有的才華並加以磨練的完善環境。此外，將這份工作分配給你的人，對你的能力有高度評價。在對方的提拔下，你將會獲得各式各樣的機會。

位置
1
2
3
4
5
6
7
8
9
10

錢幣九

在穩定的環境中舒適地度過

你目前處於對自己而言非常舒適的狀況中。在經濟上及精神上都游刃有餘，你似乎也能確實掌控好。儘管並不到堪稱完美的狀態，但你能夠在與接近自身理想的環境中，好好地面對問題。

錢幣十

一切齊備的豐富環境

這裡雖然是毫無變化、一切滿足的環境，但反過來說，也是個毫無刺激的無趣環境。由於缺乏變化，使得你必須煞費苦心才能找出解決問題的頭緒。亦可解釋成打好經濟上的根基，終於備好用以認真面對問題的環境。

錢幣侍者

將未來託付給蘊含可能性的人物

掌握問題關鍵的，是一名擁有璞玉般明確才華的人物。如果果斷地交給對方掌舵，就能突破僵局。抑或是你本身被周遭的人評價為蘊含可能性的人物。在這種情況下，你需要認真仔細地工作以贏得信任。

錢幣騎士

強調腳踏實地地累積至今的力量

環境終於準備完成，你得以實現很有耐心準備至今的事物。如果是確實具備實力的你，想必能善用這狀況充分發揮自己的能力，並掌握期望已久的事物。但你可能會在不知不覺間超過自己能夠承受的極限，需要注意過勞。

錢幣王后

在成熟的環境中面對現實

狀況已經齊備，你得以放心面對問題。並非期待不知是否會降臨的機會，而是能夠抱持著腳踏實地且實際的思考方式，並會出現能給你相關建議的人物。長期從事的工作或儲蓄也有了眉目，似乎令你得以緩解不安。

錢幣國王

周遭所求的是身為領袖的你

你的領導能力受到眾所期待的情況增加，不僅是思考自身的利弊得失，還必須確實注意夥伴的情況。儘管扛起超乎以往的責任，只要你不仰賴直覺，深思熟慮地採取行動，你的力量就能獲得周遭認可

解讀宮廷牌時的重點

在小阿爾克那牌中，侍者、騎士、王后、國王四種人物牌稱作宮廷牌。由於是強調人物圖案的塔羅牌，很容易在占卜主題中找出其代表的人物形象，或是與自己的關聯等涵義。除此之外，也能視為狀況或訊息等資訊來解讀。

以下雖為簡化後的意象，但請將其視為基礎的人物形象。

【侍者】

雖然不成熟但新鮮，蘊含無限可能性的年輕人。

【騎士】

堅強且具行動力，能勇敢地聰明周旋的男性。

【王后】

沉穩而堅韌，充滿包容力的女性。

【國王】

身心富足、充滿自信地引導周遭的成熟男性。

在實際的塔羅牌解析中，會將這些人物形象搭配權杖（直覺／火）、聖杯（情感／水）、寶劍（思考／風）、錢幣（感覺／地）等花色，來解讀宮廷牌的涵義。

此外，我雖然為了容易聯想而使用了「年輕人」、「男性」、「女性」這些詞彙，但請注意別受肉體上的年齡或性別所束縛，而因此侷限了解析的幅度。在現實中，同樣也有如國王般具有威嚴的女性，亦有如王后般溫柔體貼的男性。請在掌握基本意象的同時，跨越年齡或性別的框架，靈活地解讀宮廷牌，想必就能更進一步地深入解讀。

POSITION

9

對未來的想法

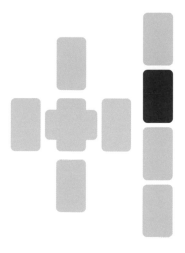

9 對未來的想法的位置代表的內容

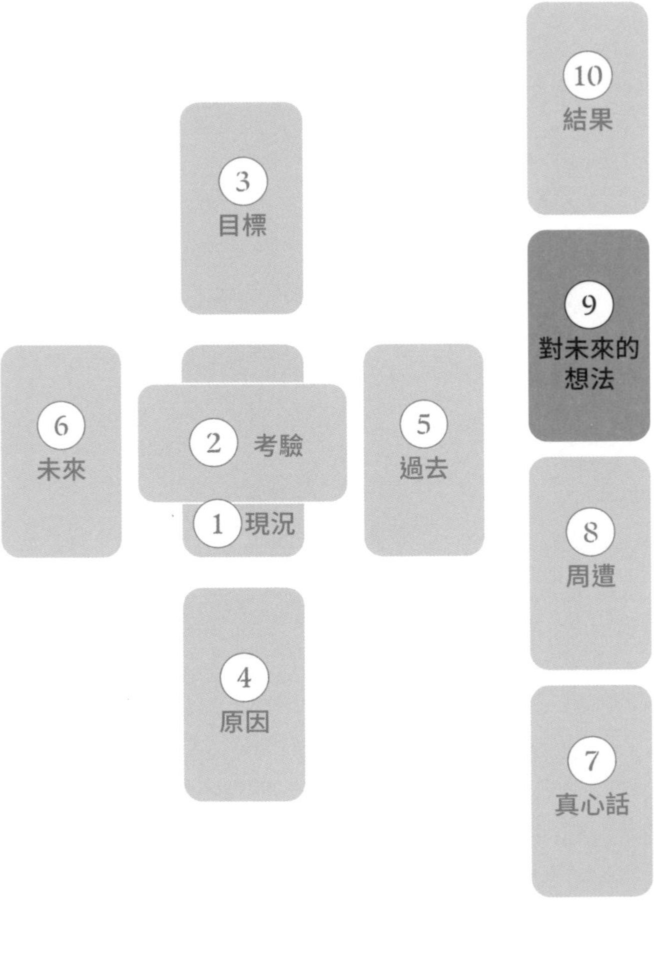

Hint 1

對未來抱持的期待或恐懼

這個位置並非單純地具體呈現未來的姿態，請解讀成你對未來所抱持的期待、希望或是恐懼心情。此外，也會浮現出你針對自身未來的形象，描繪了怎樣的意象。如果與其他牌之間存在落差，可能也代表著意料之外的想法變化。

Hint 2

兩種未來所導出的姿態

〈⑥未來〉為不久後的未來，〈⑨對未來的想法〉可與之相對，解釋成遙遠的未來。〈⑨對未來的想法〉是根據從〈①現況〉到〈⑧周遭〉出現的牌而闡明的未來，同時也暗示著你會為其中描繪的姿態感到喜悅或畏懼……視情況而定，還能解讀成你對於他人未來的想法，抑或是你本身的狀況。

Hint 3

解讀對未來的想法的訣竅

請你搭配〈⑦真心話〉這張牌一併確認。你目前的心情或深層心理，有很高的可能會影響你未來的姿態或心情。由於兩者都能顯示出你的情感流動，因此或許也可以將這兩張牌視為一連串的流勢。此外，根據至今為止的牌面流勢，還能找出針對你未來的方向或決定的提示。

⑨

對未來的想法

出現的是……

對於未來的
「興奮感」與「不安感」
看似不同卻實則相同
差異在於你對看不見的事物
抱持的是期待
抑或是悲觀看待
既然殊途同歸
何不試著想像
光明的未來呢

MAJOR ARCANA

0 愚者

以天真無邪的心情向前邁進

當你看到「愚者」牌時會怎麼想呢？明知危險卻仍露出開朗而天真浪漫的表情，是否有哪裡打動了你？有時候什麼也不想，相信可能性地向前衝也沒什麼不好。你的內心對未來似乎是如此期盼著的。此外，也代表坦率的態度可獲得成果。

1 魔術師

想學習在這條道路上前進所需的技術

你想學習得以克服困難的技能，想破壞高牆繼續沿著這條道路前進。儘管沒有先人開路，也要著手某些事物。這份挑戰精神似乎正滾滾湧出。儘管目前仍難以預料，但你所期望的是才華開花結果，或是湧現踏入未知世界的勇氣。

2 女祭司

希望無須言語也能獲得理解

接下來應該會發生的事充滿謎團。非常纖細，或許難以輕易描寫，你不需要勉強自己將其化為言語。不過，將發生的事情藏於內心很重要，此外，亦指獲得靈性洞察力。「祕密」也是關鍵字之一。

3 女皇

享用滿溢的母性包覆其中

你本身內心有所成長，變得或許能夠接納、養育某人。抑或是邂逅能令你心滿意足的存在。這是一張代表讓人能夠交託一切的偉大母性與結實纍纍的牌，亦指享受物質上的豐盛。

4 皇帝

想站在絕對性的立場上解決事物

你想成為領袖，以絕對性的力量來解決事務——這麼思考的時刻似乎到來了。對於認為錯誤的事，你能明確地說出NO，憧憬如絕對君王般的人物或立場，並想成為那樣。但就在你渴望強悍的同時，也感覺到肩負責任的壓力。

5 教皇

希望成為精神上的支柱

你似乎產生了想被依賴、想受尊敬的強烈想法。那並非想立於眾人之上的野心，而是想被某人所需要，想成為精神上的支柱。不過，你同時也感覺到了憑一句話就能左右他人命運的恐怖。

6 戀人

內心想要吶喊喜歡的心情

未來的你似乎想要不計利弊得失，坦率面對內心的悸動。然而缺乏自信、缺少技術或經驗、與他人相比——你期盼能將基於以上種種原因，而猶豫說不出口的「喜歡」，在不在意他人視線的情況下大聲喊出來。

7 戰車

未來需要堅強的意志與動力

光靠堅強的意志是不夠的，如果沒有動力就無法進步。可以說讓你開始如此思考的，是遙遠未來的事情。若想妥善控制自己的衝動並前進，似乎還需要花些時間。同時，你也會因為力量不足而產生不安的情緒。

8 力量

想要善加駕馭名為本能的野獸

今後糾纏著你的，或許是擔心自己能否成功保留本能的不安；但另一方面，你也強烈希望自己能善加駕馭。並非壓抑，而是希望如「力量」牌一樣，馴服自己的欲望，這將會成為你的強項。

9 隱士

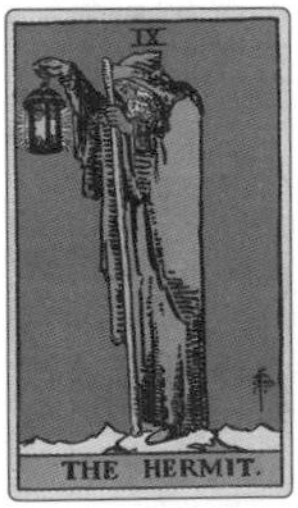

刻意創造獨處的時光

你在未來似乎想要擁有內省的時光。想在避免與外界接觸的情況下思考，同時又擔心或許只有自己會被留下，而心懷強烈恐懼感。現在的世界上充斥著過多資訊，有時也必須關閉新聞或社群軟體的通知。

10 命運之輪

切身體會到自己置身於轉動的輪中

你今後將會強烈地感覺到「自己存在於轉動的輪子裡，無論時期是好是壞，都會循環流轉」。一旦想到至今為止折磨著你的煩惱，也不過是在不斷旋轉的輪子裡發生的事，肩膀應該就會突然放鬆下來。未來似乎會有這樣的心境變化。

11 正義

內心期望公平的正確

你似乎萌生了想冷靜判斷事物的想法。並非單就好惡或利弊得失，而是想貫徹更高次元的正義。你期許自己成為重視這點的人，並心懷類似這種決心的願望。你會深受公平、平等的思想吸引並採取行動。

12 吊人

改變悲觀心情或觀點的想法

你今後似乎會悲觀地認為自己目前無論做些什麼，都是半吊子且不上不下。此外，也有畏懼修正目標軌道的心情。然而另一方面，你似乎也會得出「只要以相反的觀點思考即可」、「轉換價值觀吧」的想法，並接納這樣的變化。

13 死神

由衷畏懼劃上句點

你今後最為畏懼的似乎是面臨事物的結束。執著至今的事物、花費時間培育的事物、無論如何都不想放手的事物……儘管對全新的未來或希望而言，劃上句點是必須的，但你還是會害怕這些事物結束。

14 節制

期望著游刃有餘的互動

別再繼續逞強了——你在未來似乎會這麼想。你擺脫了原本執著的某些事物，可以聽見緊閉的心門緩緩開啟的聲音。這份自由並非奔放不羈，而是有所節制的。你不會受到操弄，而是期望能與他人平穩地互動。

15 惡魔

遭黑暗情感控制的恐懼

你描繪出變得忠於欲望的自己，並感到畏懼。這樣的未來或許會造訪。受到甜美的誘惑吸引、遭到黑暗的情感控制——儘管設法抗拒，不希望自己變成如此，卻不由得傾聽了惡魔的聲音。你似乎認為那種任誰都會感受到的動搖情緒非常恐怖。

16 高塔

對於崩潰的恐懼與期望

你似乎非常擔心在今後的未來，會看見自己精心構築的事物崩潰。這對你而言是能想像到的最糟劇本。另一方面，你卻也期待著能趁此機會破壞一切並重新來過，這也是事實。在迎接轉機時，也會強烈地感到不安。

17 星星

耀眼的希望之光點亮了胸口

雖然還是許久以後的事，但你心懷如空中閃耀的星星般耀眼的希望。你產生了前所未有的嶄新心情或純粹的上進心，這將成為引導你的光芒。湧出幹勁，擁有夢想或理想，讓你感覺到不同於現況，內心變得積極進取。

18 月亮

強烈不安占據心頭

你今後似乎會被無可奈何的不安所糾纏。如果遭到背叛該怎麼辦？自己是不是受騙了？這些險惡的想法充斥內心，幾乎要壓碎胸口。儘管認為只要能理解人心，另一方面卻連自己的真心都快迷失了。

19 太陽

想要充滿活力且大為活躍

你「想要獲得活著的喜悅」的心情即將到來。你希望自己能成為純真、開朗而熱情、迸發生命力的人。為了掌握耀眼的成功，你會萌生想精力充沛活動的信念，並照亮周遭眾人。

20 審判

想要恢復翻新的過去

你似乎期許自己能擺脫千篇一律的狀態。並考慮重拾從以前就珍惜至今的事物。但正確地說，是把過去那件事物加上你現在的智慧，加以翻新為前提。你似乎也產生了想換個看法審視全新事物的心情。

21 世界

抵達目標，邁向新世界

在不久的未來，你似乎會想到「自己是否已經抵達完美的幸福？」這樣的事。那是一種神清氣爽的感覺，彷彿原本沉澱在內心的厚重空氣澈底換新。接著你想像了在那之後的新世界，並強烈期許自己能夠在光明燦爛的未來活下去。

權杖一

想要不顧一切地展開行動

你未來或許會思考許多事情而感到疲乏，而你所希望的，似乎是不顧一切地向前衝。將伎倆或揣度留待之後，總之先採取行動。你認為各種令人心煩的事情，等開始後再說就行了。

權杖二

前進的心情與制止的力量

該選擇穩定還是選擇變化？為了活下去，你似乎會在這兩個選項之間猶豫不決。相反的願望產生，並與「想這麼做」的想法能量相抗衡。若想制止如火焰般強烈的想法，應該需要相當程度的熱量。目前兩者正在互相對立著。

權杖三

在最初的成功裡找出喜悅

你似乎正為了這份微小的成功感到歡欣鼓舞。對於認為現在必須獲得偉大成果，抑或是認為「除非解決問題，否則難以成功」的人而言，這或許是難以想像的。這是獲得了微小而明確光芒的心境。

權杖四

能夠感覺到和平與幸福

你在不久後的未來，似乎能感覺到內心的平靜。您能夠與親密之人或心靈相通的對象共度平靜的時光，並且放鬆身心。該怎麼做才能打造這種專屬於自己的「聖域」？而且你將會靠自己守護這無人能夠打擾的和平園地。

權杖五

不希望自己的容身之處遭到威脅

未來，敵人可能會出現在你面前，話雖如此，對方未必心懷惡意。而你似乎心懷畏懼，擔憂自己「想過得穩定、想維持現狀」的狀態遭到推翻，或是這個正在發展中的舒適場所遭人擾亂。

權杖六

成功與其背後的不安心理

未來，你的成功會排擠掉其他人，這項事實或許令你心煩意亂。在你充滿自信地貫徹事物的結果，是造就脫穎而出的自己，以及不得不移動到較低位置的其他人。只要你記得謙虛對待那些人，內心就能獲得平靜。

權杖七

下定決心推動事物

倘若放鬆警戒，就會輕易地從現在的位置跌落；儘管處於優勢，也會立刻被反轉——這樣的恐懼似乎湧上了心頭。因此你應該會鍛鍊出堅強的內心，想要下定決心著手進行、小心謹慎而精力充沛地推動事物。你似乎能獲得全新的力量。

權杖八

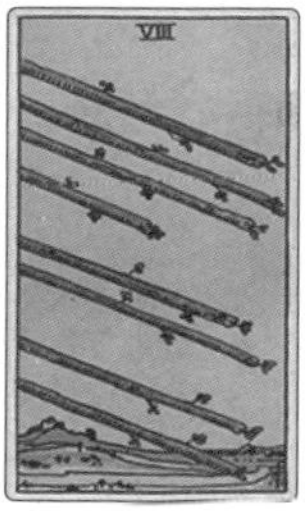

為了再生而希望重新來過

你希望儘速改變狀況，懷著藉由重新來過而促使再生的願望。你周遭的狀況正要以驚人流勢將你吞噬，該以更高處為目標，還是尋找著陸點？無論如何，你似乎感覺到自己不能維持現狀，而需要重大的變化。

權杖九

想要累積力量後凝聚並釋放

你在未來似乎會因準備不足而感到不安，心煩意亂。決戰時刻明明逼近了，自己卻什麼也沒有準備好，只能拚命防守。為了避免如此，你希望在自己身上凝聚、儲蓄各式各樣的力量，並等時候到來，一口氣加以釋放。

權杖十

巨大的艱苦之後是重大的成功

你在未來所期望的，是在艱辛考驗後獲得重大成功。就像是在解決難題後獲得的龐大報酬或爽快感。你應該不會被輕鬆解謎後能獲得的微小利益所吸引，而是認為只有歷經辛勞才能獲得成功。

權杖侍者

有新的訊息送達

你似乎會接到新的訊息，也可能是獲得意想不到的好消息。抑或是你本身就擔任著信差的職務。保持步伐輕快、敏捷行動，似乎是開啟好運的關鍵。

權杖騎士

想要前往未知世界闖蕩

你似乎滿心期望未來能踏入未知的世界，想要隨心所欲地朝著目標前進。你打算在克服不安或恐懼後，繼續往前邁進。這也表現出可能想前往國外或完全未知的世界闖蕩的想法。

權杖王后

強韌與湧現的熱情

如同「以柔剋剛」字面上的意義，你感覺到自己今後需要的是強韌。凡事都要積極進取。你似乎期望能面對內心的理想，充滿熱情地推進事物。應該也會湧現想站在眾人前方引導他們的熱切想法。

權杖國王

堅強的意志和領導能力

你認為未來所需要的是強大的領導能力。你心懷熱切想法與相信自己的心情，朝著目標筆直前進；不在意他人視線，毫無畏懼地勇往直前的堅強意志——你嚮往著這種模樣，並希望自己能成為如此堅毅的人。

聖杯一

儘管不知所措卻又受到某些事物吸引

你在未來可能會受到現在的你難以想像的某些事物吸引。那並未伴隨著「好，上吧！」之類的激烈氣勢或決心。你儘管感到不知所措，卻又一點一點地被打動。顯示出步調純粹、可愛而沉穩的形象。

聖杯二

未來所期望的是全新羈絆

今後在你身上似乎會形成全新的重要羈絆。例如從至今為止的人際關係中，或是與全新邂逅的人物之間，產生強烈連結感或深受信任的感覺。你應該能找到欠缺至今的那片拼圖，並切身體會到拼圖「喀嚓」一聲吻合的感覺。

聖杯三

與周遭眾人和諧共處的時光

在你內心深處十分明白，獨自一人的幸福並非真正的幸福，唯有與他人共享，才能體會到真正的幸福。將他人的喜悅當成自己的喜悅，反之亦然。你似乎會在內心強烈追求這種幸福的形式。

聖杯四

畏懼落入千篇一律或失速

你似乎畏懼事物在進行途中受挫，雖然也存在感到厭倦的內部主因，但也可能是飽和狀態造成的失速。無論如何，自己經手的事情以半吊子的形式停頓，或是落入千篇一律的情況，似乎都會成為不安的種子。

聖杯五

畏懼欠缺已經獲得的事物

你似乎會變得由衷畏懼失去。「聖杯五」所顯示的，是欠缺已獲得事物所產生的心痛。失去三個杯子裡的物品，聚光燈照在受傷的心上。這時你會非常難意識到剩下二個杯子裡的物品，注意力全都集中在失去的那一方上。

聖杯六

施比受更有福

不久後，你會感覺到儘管自己吃了虧，還是想給予他人的想法。在你身上或許會發生某件事，令你切身體會到比起自己有所得的喜悅，給予他人的喜悅更為龐大。什麼事會令你感到幸福？這份信念或價值觀將會有極大變化。

聖杯七

畏懼沉醉於想像之中

你日後會感到畏懼的，是自己會創造出對自己有益的幻想。並未面對現實問題，而是沉浸於自己所描繪的想像世界中。想像出不同於現實的故事，並被這想法囚禁。你似乎認為這種事會隨著時間而發生非常可怕的變化。

聖杯八

想要切換到全新事物

你將會強烈期許自己擁有放手的勇氣，能放下執著至今的事物。你未來所處的狀況，可能會是一發不可收拾，必須立刻抽手的程度，抑或是已經面臨結束的情況。愈是拚命努力至今的人，就會愈難切換到全新事物上。

聖杯九

殷切期盼實際上、精神上的幸福

你儘管已獲得成功，似乎卻心懷畏懼地認為「這會不會是徒具形式？」「我真的掌握到能心滿意足的幸福了嗎？」即使獲勝，或許也會認為這不過是表面上的結果而封閉自己的內心。你還會繼續尋找如何在實際上與精神上的成功之間取得平衡。

聖杯十

期望與周遭眾人分享幸福

你似乎會產生想單純地為成功而喜悅，並與眾人分享這份幸福的心境。你對於只有自己被財富圍繞或一人獨贏等事不感興趣，認為這種事並不存在著幸福。你所追求的是如「聖杯十」的牌面圖案那樣的幸福，大家都心滿意足的姿態。

聖杯侍者

未來所期望的是毫無盤算的心

你未來似乎希望能以純真無邪的心來推動事物的進展。或許是因為以往曾擬定策略或擾亂人心，心生罪惡感才會有這樣的想法。此外，或許也會表現出「想取回早已失去的新鮮感性」的想法。

聖杯騎士

強烈受到藝術美感吸引

你似乎強烈渴望著年輕鮮嫩的感性或藝術美感。相反地，你同時也畏懼自己一頭栽進那個世界並為之沉迷。此外，似乎也察覺到了打動人心的言行舉止、動搖他人情感的表演有多重要。

聖杯王后

犧牲奉獻或為他人著想十分重要

你今後似乎會意識到如何體貼周遭眾人才是重要的。你認為若能傾聽對方的話語、接納對方的想法、不自私自利、心懷博愛精神採取行動，就能藉此順應社會潮流。也會變得更能設身處地替人著想。

聖杯國王

追求嚴厲與溫暖的心

你似乎想成為擁有寬闊心胸及人望的人物。雖然嚴厲但能敏感察覺人的情感，會以溫柔體貼的心意理解他人的想法——這種如理想父親般的人物是你的憧憬。相反地，也可能會擔心自己背叛他人信任、變得粗暴蠻橫。

寶劍一

與依賴訣別，獲得冷靜的判斷

你似乎會產生與以往截然不同的思考方式。試圖藉由切換原本屬於內在的觀點，改設定於外側來獲得客觀性。這或許是基於想冷靜地下判斷，或不想依賴他人而萌生的想法所導致。

寶劍二

不採取行動，延後作判斷

這張牌意謂的是面對需強而有力地切分事物的沉重壓力。你對於今後得以名為智慧的寶劍來劈開事物感到猶豫。你似乎會產生「延後作決定應該比較明智」、「現在不想作判斷」這類想逃跑的心情，雙腿發軟。

寶劍三

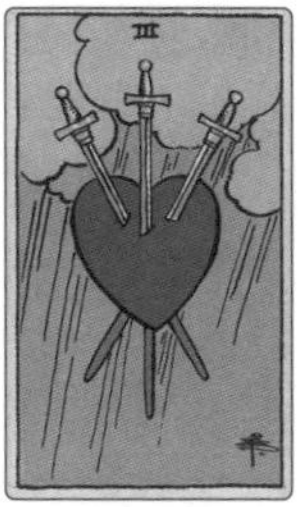

畏懼著某些離別

你似乎對於離別心懷未曾體驗的不安。與家人分開、與親密之人道別、與心愛的人或環境別離——心懷恐懼的因素因人而異。雖然離別或失去十分悲傷，幾乎令人心碎，但請將其視為人生之中無可避免的考驗。

寶劍四

由衷期盼著如冥想般的休息

你似乎湧上想要與外界隔絕、在寂靜之中深思熟慮的願望，並認為疲憊至極的身心需要如冥想般的休息。愈是一直以來都激勵著自己不能停下腳步的人，在今後的過程中就愈會渴望這種狀態。

寶劍五

一無所知地向前衝的恐懼

你似乎畏懼變得看不見周遭，畏懼著過於沉醉其中而看不見其他事物的狀態。你似乎擔心自己會變得儘管無法認清敵我周遭的狀況，甚至連自己的情況都搞不清楚，卻還是不知退卻地向前猛衝。

寶劍六

想要更新思考方式或價值觀

你今後似乎期望著往全新階段更上一層樓。想要捨棄以往的思考方式，並取得截然不同的思考方式，更新自己的思考迴路，這是你所希望的。你似乎也認為，為此必須捨棄目前所在的地方，出發旅行。

寶劍七

考慮火速推進的代價

由於必須在短時間設法完成而產生的剩餘事項或問題；認為只要現在過得去就行而敷衍了事的作法，日後似乎會有反撲的危險。如果你記得自己曾做過這類擔心日後會造成麻煩的事情，這份不安感會變得更加強烈。

寶劍八

想要超越極限的想法

未來的你即使被逼上絕境，也會考慮重新審視極限，更嚴格要求自己。你似乎會湧現充滿幹勁的想法，想培養自己的獨立心、想發現自己全新的一面，並放眼於確實完成事務，以及更遠的未來。

寶劍九

遭不安糾纏，內心不願認輸

你今後似乎會被名為不安的怪物所糾纏，這怪物在你心裡變得愈加巨大，無法輕易驅趕，令你極為畏懼自己會被吞噬。但與此同時，你也會追求不願敗給不安的強烈心情。

寶劍十

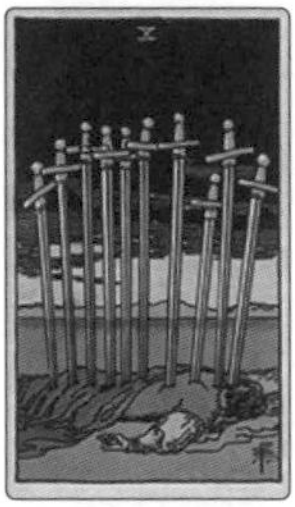

對於實現好主意感到不安的心情

你似乎會湧現「這項醞釀至今的龐大計畫能否順利實現？」的恐懼。你既希望長時間在心中孕育的「理想」之卵能順利孵化，又對於能否實現感到不安。在你的想像中，破殼而出的青鳥會變成灰色而墜落，令你心懷恐懼。

寶劍侍者

想要打破規則框架，引發革命

你似乎會有「儘管遭到保守派反對，自己也想當個革命男兒」的心境變化。搞不好你至今為止，一直在避免自己脫離規則或老舊習慣的框架。而今後的你則希望成為脫離框架、改變流勢的人物。

寶劍騎士

認為速度是邁向成功的關鍵

速度不夠快、過於謹慎——這就是未來的你對自己的看法。你似乎認為欠缺速度感是邁向成功的累贅，凡事都應該著重於迅速行動上來行事。你應該得出了沒有時間猶豫的結論。

寶劍王后

判斷時排除私情的必要性

可以預見你的思考方式會有所變化，你認為下判斷時，有時必須不受情感左右。你至今總是設身處地地替別人著想，但現在或許有必要下達難以想像的判決。而你似乎會從明確的判斷根據中，排除情感得出答案。

寶劍國王

不受情感束縛，嚴肅地適用規則

你希望自己能成為依循過往案例，嚴肅地使用規則的冷酷領導者。或許發生過慘痛的教訓，令你明白不受情感束縛、明確說出自己想法的必要性。相反地，你也會畏懼自己不再聽取他人意見的變化。

錢幣一

期望物理上的全新關係

你似乎想獲得與肉眼看得見的事物，比如自己的身體、金錢等的全新聯繫方式。比如說活動身體、享用美食、購買喜歡的物品。吸引你的似乎並非曖昧模糊的情感，而是具體的事物。你想追求不同於以往，嶄新且充實的生活方式。

錢幣二

交易本身擁有意義

你似乎在思考未來要採取不同於現在，更靈活而輕鬆的互動。並非細細交換具有深厚意義的話語，而是從輕快的言談互動中找出極大的樂趣。你並非交易有價值的事物，而是追求交易這件事本身的價值。

錢幣三

今後追求的是收穫的喜悅

你會想要珍惜微小的果實。並非一口氣瞄準全部，而是先有一再有二，有二再有三，藉由這樣漸漸累積，在過程中享受自己的收穫。你似乎想將這種獲得微小喜悅或充實感的感覺，作為下次努力的食糧。

錢幣四

害怕失去原本擁有的成功

你今後會認為「如果維持現狀什麼也不做，就不會失去任何事物」，因為你已經獲得了一定程度的成功。比起從未擁有的人，擁有的人會變得膽小是理所當然的。若是踏實努力所獲得的事物被奪，想必會悔恨不已。關鍵在於如何面對這份情緒。

錢幣五

對於墮落懶散感到不安

這是象徵著匱乏或不足的牌。你可能在金錢或體力上感到不安，也可能將這份不安投射到其他人身上，看見比自己匱乏的人就感到安心，因而下意識地歧視他人的危險。重點在於你必須認清什麼是自己所擁有的、什麼是真正需要的。

錢幣六

內心期望能平等均分

你似乎開始認為，差不多輪到自己來分配事物給別人了。你希望將累積至今的事物，盡可能平等地分給所有人——似乎有著這樣的心境變化。抑或是你再次認為自己該以謙虛的態度，感謝給予自己事物的人。

錢幣七

得出一定程度的結果，邁向全新階段

你未來似乎有著想邁向下一階段的願望。你投注心血努力至今的事物，將會獲得一定的成果。無論你是否滿意結果，到時候的你似乎都已經找到新的願景，並深受吸引了。

錢幣八

想要穩健地挑戰，朝未來邁進

你在未來或許會切身體認到腳踏實地累積努力的重要性。對於自己能否辦到的不安，以及期望如此的願望交雜在一起。這似乎是一種「嚴以律己」，類似決心的強烈期許。

錢幣九

渴望身心的穩定或自由

你將會產生「希望身心穩定」、「想獲得安全感」、「想擁有舒適的場所」這樣的願望。你似乎強烈渴望著物質面上的穩定，以及內心的餘裕或自由。此外，即使沒有物質上或精神上的束縛，也可能是與你親近的對象如此期望。

錢幣十

期望擁有並維持幸福的環境

你殷切期盼獲得凡事滿足的穩定生活。似乎想要待在完美的世界裡，任誰看來都知道你很幸福。抑或是，未來的你在獲得這樣的環境後，會為了永遠維持這份幸福而採取行動。

錢幣侍者

現在所能辦到的最佳表現

你在未來會強烈希望自己不用做任何骯髒的伎倆或敷衍，就能達成自己現在所能辦到的最佳表現。你心懷熱情與直率的心情，腳踏實地逐漸累積。現在似乎是時候再次切身體認拋棄成見、回歸初衷的重要性了。

錢幣騎士

長期計畫邁向成功

你似乎認為不該沒頭沒腦地挑戰重大問題，而是從小問題著手，一點一點地解決。擬定長遠的計畫，將小關卡一一突破，最後抵達遠大的終點。你開始覺得只要能腳踏實地、穩健地進行就會更加順利。

錢幣王后

尋求無可撼動的生活或常識

你是個重視肉眼可見的明確性及常識的現實主義者。比起在夢想世界裡輕飄飄地生活，更想獲得無可撼動的穩定生活。到頭來，你認為這點將會通往自己所追求的成功。此外，這張牌對女性而言，也可以解釋成懷孕的徵兆。

錢幣國王

擁有地位與財產的可靠人物

你想在名為社會的框架之中，穩住自己的地位並守住財產，這份願望似乎變得愈發強烈。其根源或許是「想被人依靠」的心情。此外，你也會重視起先深思熟慮後再踏實採取行動的順序。

提升解析能力的訣竅為何？

苦想提升解析能力，你必須不要過分拘泥於每一張塔羅牌。當然，由於一開始需要記住牌面涵義，而會一一解讀，這件事本身並非壞事，但所謂的解析同時也是從中編織故事，亦即應注重故事經過，其中很重要的是擁有兩種視角，

若要比喻，就是「老鷹&螞蟻」。重點在於如何妥善運用這兩種視角—如老鷹般從高處俯瞰牌陣整體，以及如螞蟻般從低處仔細提升解析度來解讀一張張的牌面涵義。然後記得再將兩者融合起來，藉此確認牌面涵義。

理想的狀態是並非只對照官方解釋、如同查閱辭典般拘泥於牌面涵義，而是將整體的涵義輕柔地串連起來。如果只是一張張解讀，可能會在中途產生矛盾，這種時候，你可以藉由確認整體牌面，靈活地創作故事。出現在牌陣中的牌，沒有一張是獨自存在的個體，每一張牌之間幾乎都會互相有所關聯，且彼此影響。

而最為重要的，就是反覆解析。看著塔羅牌會聯想到什麼、代表怎樣的情況、商量者或自己想占卜的事情為何？藉由反覆進行各式各樣的聯想遊戲，就能鍛鍊出創作故事的感覺。

POSITION

10

結果

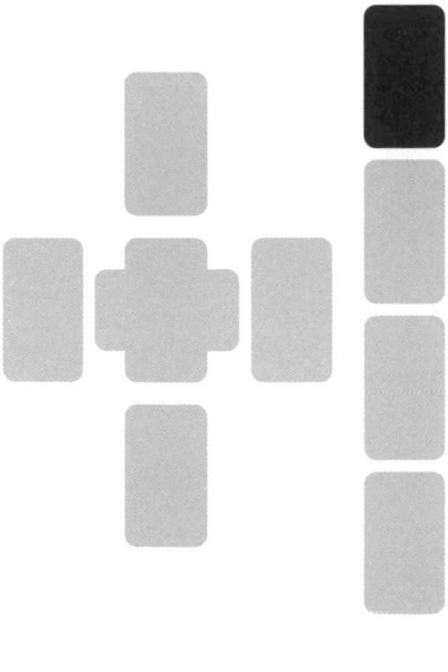

10 結果的位置代表的內容

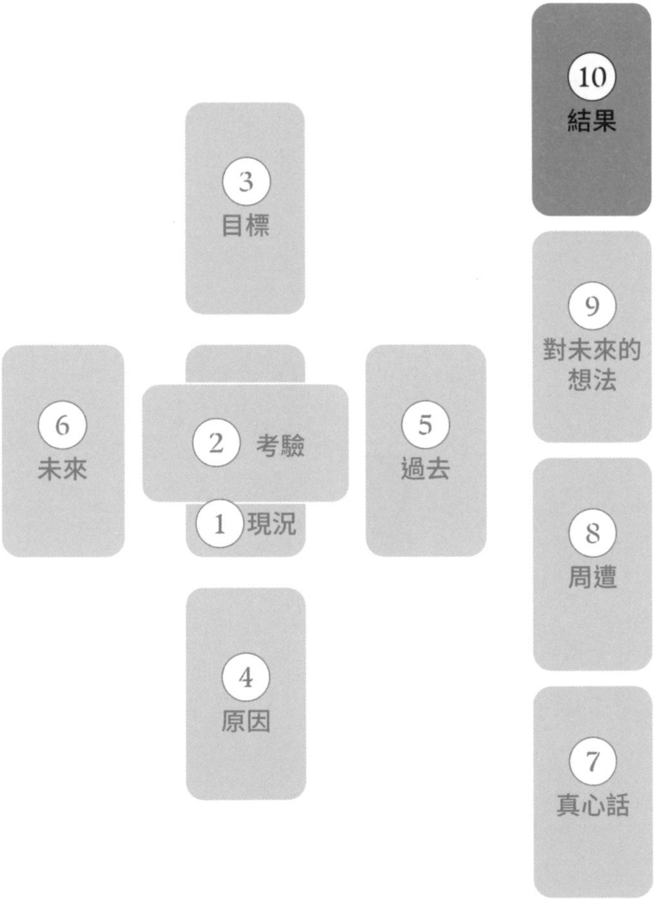

Hint 1

針對占卜問題的最後結論

這個位置代表的，是你詢問塔羅牌的問題的最後結果。可以解釋為這個問題對商量者的意義，抑或是如果維持現狀、毫無改善地繼續前進，將會面臨這張牌所顯示的結果。當出現一張不期望的牌時，或許會令你大受打擊，但需要注意的是，別過於拘泥出現在這個位置的牌面印象。

Hint 2

從這個問題中學到什麼？

這個位置還可以解讀成「你可以從這個問題中學到什麼，又該如何成長」。當一個人在碰壁時，會反覆試驗嘗試以跨越克服，而在這個過程中應該能體會到許多事物。儘管現在可能很煎熬，但這份經驗一定會成為你人生中的重要糧食。出現在這裡的牌，也可說代表著成長後的你。

Hint 3

解讀結果的訣竅

如果光用這張牌來判斷這個問題會面臨的結果，那就失去了解讀前九張牌的意義了。請別受這個位置所束縛，應該要重視至今為止的過程。此外，既然現在所有的牌都湊齊了，趁這時機俯瞰整體狀態也很不錯。有些之前覺得「咦？」的問題，或許能藉著出現在這個位置的牌得出答案喔！

⑩

結果

出現的是……

你藉由碰上
這個問題
而學到了什麼
又有何成長呢
你目前或許還無法
感受到自己的變化
但當一切都結束時
你應該會認為
「幸好有面對這個問題」
那麼，請誠心誠意地
面對最後這張牌吧

MAJOR ARCANA

0 愚者

再一次返回原點

你將會發生各種事情，並從中學習到許多事物。但你應該也能夠再次返回原點，藉由回歸初衷，以全新的角度審視你的未來。你應該能夠在繞了一圈後，邁向新的開始。

1 魔術師

以堅強的意志實現願望

你現在面臨的問題將能透過自己的能力及技術來解決。擁有堅強的意志是最重要的。你會確立目標，藉由清晰的想法合理地解決課題。這也會引導你獲得新的點子或提示。

2 女祭司

碰觸隱藏起來的真相

你會接觸到隱藏至今的問題本質。藉此導出解決方案，使未來變得愈發光明。此外，這也暗示著事情會因為你的靈感而朝著好的方向發展。這時就相信自己的第六感，試著前進吧！

3 女皇

努力的種子開花結果

至今為止的努力獲得回報的時刻到來。你會得到對應的報酬，或迎接你所期望的結果。藉由獲得理想的未來，你的生活或內心都將變得更從容，過著充實的每一天；而且還有可能出現願意包容你的女性。

4 皇帝

掌握實權 並下達判斷之時

你將掌握左右這個問題的決定權，要下達何種判斷取決於你。不過，你一旦忘記考慮到夥伴及弱勢者，眾人對你的信任會立刻一落千丈。當你行使權力時，也必須留意隨之而來的責任及倫理道德。

5 教皇

建言是解決問題的線索

以某人的建議為契機，情況會逐漸好轉。但你若是不願誠摯地接納對方所說的話，無論經過多久，現況都不會改變。你如果想盡快解決問題，請試著主動尋求建議。將建議與你自己的想法相互對照，並當作判斷根據吧！

6 戀人

喜愛的事物將會拯救你

你所面臨的問題，最後會因為你的決定而往好的方向發展。你會投注心力在讓你感受到熱情或愛的事物上，能夠真正讓你心動的事才是正確答案。不斷妥協或許會使結果朝負面方向前進。

7 戰車

朝著夢想向前奔馳

你擁有堅強的意志，不會再被別人的意見左右，也不會在意周遭的目光。你能夠毫不動搖地朝著自己決定的目標衝刺。這麼一來，你不僅能夠解決問題，甚至還會找到想做的事，應該可以度過充實的每一天。

8 力量

可以抑制並掌控自己

你將學會如何控制自己的情緒，當你不再因憤怒或悲傷而失去冷靜，心態就會變得從容，問題也能迎刃而解。此外，跨越這次的障礙將使你信心倍增，能夠積極地挑戰任何事物。

9 隱士

面對自己，傾聽心聲

傾聽隱藏在自己內心深處的心聲，這麼一來，你就會看清現在的自己最渴望的事物為何。此外，藉由讓身心充分休息，應該會活力充沛，而更有幹勁去正面面對問題。請珍惜獨處的時光。

10 命運之輪

情況改變，好運降臨

機會將不斷地來到你身邊。你目前面對的問題將成為轉機，使你的生活開始朝更好的方向發展。只不過，要是錯失這個時機，也有可能會陷入僵局。「現在正是好機會！」如果你有這種感覺，果斷行動的勇氣將成為關鍵。

11 正義

根據自己的正義下判斷

針對目前面對的問題，你將會下達公平的判斷，讓事情得以進展順利，朝實現理想更近一步。此外，你心中判斷正義及邪惡的基準也有明確的定義。這會使你在需要下決定時得以保持原則而不動搖。

12 吊人

在動彈不得的當下體悟到的事物為何？

情況變得混亂至極，你會陷入動彈不得的情況。看來若想逃離這個看不見前方的迷宮，似乎還需要一點時間。但這並不代表迷失的期間就毫無進展，在反覆試驗以及嘗試的過程中，你的精神會在不知不覺間成長。

13 死神

斬斷緣分，迎來新的開始

你會選擇割捨與這個問題相關的所有事物，但這並不代表你失敗了。藉由清理身邊的雜物，你的目標會變得更明確，可以懷著煥然一新的心情邁向下一階段；或趁此機會斬斷困擾著你的惡緣。

14 節制

與周遭交流互動是好運的關鍵

你與家人、朋友及同事等關係密切的對象之間會更頻繁地互動。這將會使你們能合作處理問題，並發現解決的頭緒。不過，為了快速解決問題，重要的是寬容的心胸，願意包容對你來說稍有不便的事。

15 惡魔

關鍵在於面對自己的弱點

你會面對自己不擅長的事物或自卑感。或許會感到痛苦，但藉此面對自己，將能獲得掌握好運的提示。不要打腫臉充胖子，成為坦率的人吧！此外，也要注意別被「反正就是辦不到」的負面想法所控制。

16 高塔

衝擊性的發展正等待著你

令人震驚的事件將成為突破現況的契機。你或許會在事件發生的瞬間覺得自己陷入了困境，但只要改變看法，就有可能成為最好的機會。為了擺脫危機，重要的是不拘泥於構築至今的地位及刻板印象，靈活應對問題。

17 星星

希望之光照耀著你

煩惱及不安會消失，並發現新的夢想或目標。當你找到應當前進的道路後，就能夠以煥然一新的心情去處理眼前的事物。而且你的靈感也會變得更豐富，腦中接二連三地湧現好點子。以此為基礎，努力擴大活躍領域吧！

18 月亮

不安的真面目或許是鑽牛角尖

你的心情反覆無常，或許會對自己的判斷失去信心。即使如此，能否相信自己的直覺並採取行動，將成為突破現況的關鍵。當你無論如何都感到不安時，請試著探尋原因。你一定會發現那只是無謂的憂慮。

19 太陽

宣傳能力，拓展世界

你會克服目前面對的問題，掌握成功。還會沐浴在周遭眾人的稱讚下，邁出光榮的一步。你能夠大顯身手的地方也會增加，可以盡情地宣傳自己的魅力和才華。只要你展現堂堂正正的態度，說不定還會出現替你加油的粉絲。

20 審判

以過去為鑑，開拓未來

你從這次經驗中學到的東西，會比你所想的更為豐富。而且當你再次遭遇類似的處境時，將能參考這次經驗加以克服。你的思考方式或價值觀將不同以往，眼界會變得更遼闊，並能夠靈活思考，使世界變得更寬廣。

21 世界

你將以接近完美的狀態邁向下一個目標

你會獲得接近理想狀態的人際關係、工作及私生活。要找出不滿意的地方或許還比較困難。不過，要是你滿足於現況，就會在短時間內墮落沉淪。找到下一個目標並繼續前進，是追求充實生活不可或缺的條件。

權杖一

機會來臨，正面思考

你充滿幹勁，想法積極樂觀，會去挑戰全新事物或尋找新的邂逅，拓展行動範圍。此外，還會獲得無論如何都不會氣餒的毅力。也很有可能以有別於至今的發展方式，對全新事物產生熱情。

權杖二

能否拿出勇氣將左右未來

情勢會出現巨大變動，但你或許無法順應變化，不敢大膽採取行動。能否激勵自己踏出第一步，將左右未來的情勢。此外，若與擁有同樣不安的人通力合作，將可以掌握解決問題的線索。

權杖三

事情告一段落，邁向下個階段

目前困擾你的問題將暫時告一段落，而且會以此為契機，有微小的好運接二連三地降臨到你身上。接著，你將會邁向下個目標。你至今獲得的事物將成為你接下來努力的資本。

權杖四

與夥伴共同舉杯慶祝

問題似乎會以你所期望的方式暫告一段落。看到你鬆一口氣，家人或朋友等親密的人也會為你感到高興。這也是為了朝下個目標邁進的準備期。現在就讓身心好好休息，以備新的冒險吧！

權杖五

事態更加撲朔迷離，將局勢化為良機

你將會面臨更大的考驗，就算努力也看不太到成果，反而被逼入困境。此外，或許還會出現意想不到的競爭對手。但這種情況才是展現你真正實力的關鍵。當你打破這堵高牆時，心中將會充滿超乎想像的成就感。

權杖六

在周遭的注目下重拾自信

周遭的人會給予你的努力及才華高度評價。這樣一來，你的自尊心就會得到滿足，對自己產生信心。其結果將使你能積極地面對任何事物。不過，請別忘了這次的成功是建立於家族及朋友等許多人的支持之上。

權杖七

為了維持現狀作好心理準備

如果你不想失去任何事物，就必須作好守護的心理準備。認清自己目前置身的情況，試著冷靜分析吧！如此一來，應該就會出現前往下一階段的提示。即使遭遇危機，也請保持「我一定會克服困難」的幹勁。

權杖八

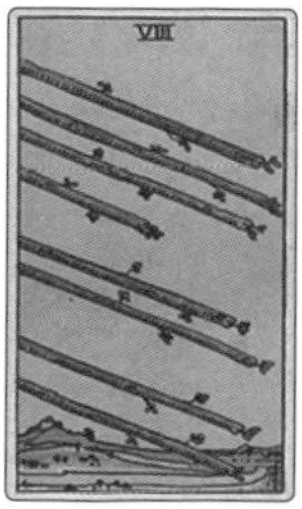

情況急速發展，謹記當機立斷

你即將迎接重大的轉捩點。增加許多需要緊急處理的事，過著令人眼花撩亂的每一天。雖然忙碌，但問題也會等比例地迅速解決，超乎你的想像。如果你猶豫不決，事情進展就會停滯不前，所以要作好心理準備，以便迅速作出判斷。

權杖九

作好心理準備，面對最後的考驗

解決問題的時刻已迫在眉睫，接下來就只等你作好心理準備。若你下定決心正視問題，未來就會如你所願地發展。換言之，這將是最後的考驗，所以要確實作好準備，然後請你試著全力面對，不要留下遺憾。

權杖十

學會掌握自己的力量

你將能正確理解自己的極限在哪裡。這會減少你努力過度的情況，不會勉強自己，而能從容地應對眼前的事情。此外，你至今為止的努力也不會白費。你付出愈多苦心，最後得到的成果應該也會愈讓你滿意。

權杖侍者

以新鮮的心情著手面對

全新的邂逅或發現將成為刺激，使你充滿幹勁，並帶著熱情處理眼前的事物。但由於經驗不足，也可能因疏忽引發錯誤。若有長輩或經驗豐富的人願意協助你，就能夠放心前進。

權杖騎士

充滿力量，朝目標衝刺

你不會再迷惘，變得很有行動力，甚至能戰勝恐懼或不安，大膽地在你相信的道路上勇往直前。不過，現在充滿力量的你也很有可能影響周遭的人，給他們造成麻煩。為避免失去信譽，請別忘了顧慮周遭的情況。

權杖王后

可切身體認到自己至今的努力

你會實際感受到自己在精神上的成長。因此能夠以積極正面的態度去面對任何事。此外，還有可能發揮領導能力，大展身手。你會成為一個充滿熱情，卻也不吝惜在夥伴身上投注愛情的溫柔領袖。

權杖國王

獲得自信，挑戰更大的考驗

你會點燃沉睡於心中的競爭意識，並積極地採取行動。因為展現出充滿自信的態度，周遭的人也會信任並跟隨你。在獲得許多夥伴後，你會設定比現在更遠大的目標，氣勢如虹地勇往直前。

聖杯一

情勢會隨著心境變化自然變動

你的問題或是對周遭眾人的感覺將展生巨大變化。因為能以不同以往的方式看待事物，你的大腦會如霧散般煥然一新。此外，你也會逐漸構築起新的人際關係，所以像是達成目標等實現願望的機會也更容易出現。

聖杯二

周遭的支持是解決的關鍵

你最後將會獲得你正在尋求的情況或關係。與其獨自東想西想地策劃，不如與周遭的人合作，使事物更迅速地進展。如果你在與任何對象交流互動時都謹記體貼的重要性，也有可能獲得意想不到的協助或後援。

聖杯三

由各式各樣的意見決定方向

你正在煩惱的問題將會迎刃而解。你不會獨自奮戰，而是可以找到各式各樣的人商量，聽取他們的建議並得出結論。你不會迷失方向，事情將能順利進展。請記得盡量與更多人交流互動。

聖杯四

感到無聊，缺乏朝氣

你將會厭倦自己所置身的狀況。雖然周遭的人認為你受到眷顧，但對你而言或許會覺得有些無聊。即使沒有明顯的不滿，還是難免會失去幹勁，心情憂鬱。正視自己的情緒，讓內心休息一下吧！

聖杯五

目標難以達成，但有新的領悟

你很難得到你所期望的結果。你原本相信的事物會崩解，過去的心理創傷復甦，整個人似乎變得有些悲觀。也有可能在實現目標的途中感到挫折。但你可以在過程中獲得新的領悟，所以請別放棄，一點一點地繼續前進吧！

聖杯六

暫時停下來審視現況

你會被理想與現實之間的落差擊垮。你或許會因為事情沒有照你想像的發展而煩躁不耐，忍不住拿過去的輝煌成績來比較，內心十分焦急。你會因為無法接受現況而逃避現實。空有理想使你一意孤行，還是認真地正視自己的處境吧！

聖杯七

優柔寡斷的態度會導致迷失方向的結果

你將會陷入難以獨自下判斷的情況中。各式各樣的想法閃過你腦海，使你對自己的意見失去信心。而且還很容易被周遭的意見或誘惑所影響，似乎會繞一大圈才達成目標。不過，要記得千萬別因自己無法決定，就交給別人來定奪。

聖杯八

不要害怕改變，保持積極心態

你至今所處的環境會產生巨大變化。你將會脫離原本所屬的社群，或是擺脫人際關係的束縛。藉由與往來多年的人事物分道揚鑣而轉變想法。為了得到真正想要的東西，你或許也需要決心和勇氣放棄某些東西，或是離開你現在所待的地方。

聖杯九

只要筆直前進，就能實現理想願望

你努力至今的事終於要開花結果了。你會獲得你在心中暗自嚮往的理想情境。在願望實現後，你的幹勁也會更加提升。事情往往會按照計畫進行，所以若是你不斷擬定新的挑戰目標，你的成長也將永無止境。

聖杯十

在日常生活中充滿幸福

目前的問題或障礙都會輕易解決，不會節外生枝，任何事都圓滿順利地進行。相對地，也不太容易發生刺激的事件。你的日常生活會變得平靜而穩定，可感受到平凡的幸福。心態也會變得從容，可構築出令人滿意的生活。

聖杯侍者

以新鮮的心情累積許多經驗

你從未經歷過的未知世界將擴展開來。映入眼簾的盡是新鮮事物，讓你由衷感到雀躍。你應該會覺得自己能做的事愈來愈多，同時發現更多新的樂趣或興趣。你將會獲得能夠純粹地為眼前事物感到喜悅並享受的自由。

聖杯騎士

動搖情感的新世界序幕

你將感受到從未經歷過的喜悅。如果把自己的真實感受告訴對方，心意就會開花結果。若你沒有三心二意，專注於一件事上，毫不吝惜地投注熱情，應該就能成功。請記得要認真面對自己的心意，並積極採取行動。

聖杯王后

向周遭的人分享滿溢的愛情

你對周遭的人造成的影響將更加強烈。由於累積至今的經驗使你在精神上成長許多，將能靠自己的力量克服眼前的困難，也能幫助自己以外的人。如果你試著體貼周遭的人並傾聽他們的話語，對方的心情也會較為放鬆。

聖杯國王

與能夠信任的人走向自己相信的道路

你會加深與值得尊敬的人之間的羈絆。為了達成目標，跟能由衷信任的對象一起展開行動。藉由與志趣相投的人分享感受，上進心會變得更強烈。你也會切身體認到問題正一個個解決，所以不會在中途覺得厭倦，可以積極地處理事務。

寶劍一

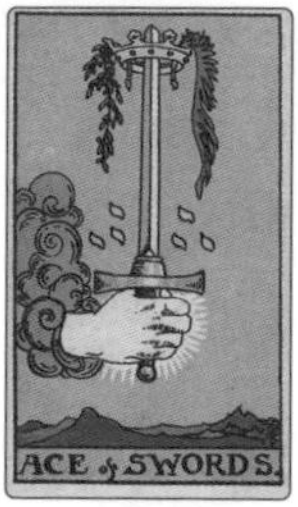

斬斷猶豫，果斷採取行動

只要擁有堅強意志，具體地計畫並採取行動，就能達成目標。你目前的煩惱和不安都會一口氣解決，所以試著放膽作出決定吧！藉由仔細確認自己想前進的方向，試著挑戰各種事情，可以使你追求更高的境界。

寶劍二

維持平衡狀態，難以改變

表面上看起來好像沒什麼問題，但想徹底解決似乎相當困難。為了不製造風波，你會壓抑自己的情緒，導致內心深處的陰鬱情緒難以輕易消失。若想改善這種情況，你似乎需要勇氣，從目前的狀態踏出第一步。

寶劍三

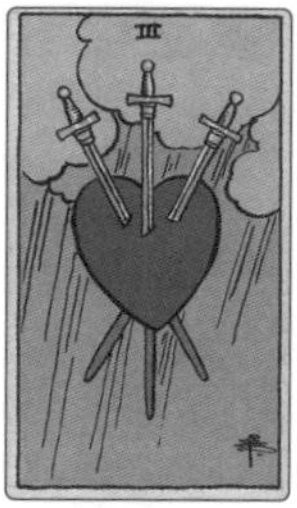

意想不到的事件使人心痛

或許會發生無法避免的悲傷事件。你會出乎意料地受到某人傷害，或是反而傷害到別人，在人際關係上遇到麻煩。這件事可能會導致你被周遭的人孤立。不固執己見，主動妥協的話就能解決問題。

寶劍四

暫時休息以備重新出發

事情將很難按照計畫進行。不過，情況最終還是會逐漸改善。當你停滯不前時，請想成是該休息的時機。現在是準備重新開始的充電期間。請優先讓身心穩定下來，試著暫時停止面對問題吧！

寶劍五

傲慢與攻擊性將引爆衝突

存在發生意想不到的麻煩與風險，小小火花也有可能發展成出乎意料的嚴重爭端。當你察覺到時，說不定已經深陷無法挽回的情況中。為了避免胡亂攻擊，請多注意妥協時的態度。當你無法冷靜下來時，就先保持距離吧！

寶劍六

煩惱根源消失，重新開始

你周遭的環境可能會有一百八十度的大轉變。這是一個戲劇性的變化，足以改變你至今的生活步調。但是藉由改變環境，你目前的煩惱根源將一口氣消失。問題乾脆地解決，並展開神清氣爽的日子。轉換心情，積極前進吧！

寶劍七

透過巧妙周旋達成野心

你最後會獲得豐碩的成果。若你不僅使用正攻法，還研究了各種手法，就能夠達成目的。為了讓事情順利進行，最好訂定一套專屬於自己的策略，並依照計畫行動，例如在周遭沒有察覺的情況下暗中安排好一切。

寶劍八

在受壓抑的情況下感到侷促不安

你將陷入感覺比現在更不自由的情況中。內心的強烈執著和臆測，最終有可能會害你自取滅亡。好好思考什麼事對自己是最重要的，仔細認清你想達成的目的，並記得視時機及情況靈活應對。

寶劍九

過去的失敗重蹈覆轍

由於過去經歷的失敗或心理創傷，使你難以繼續前進。你可能會在採取行動前顧慮過度，導致錯失良機的危險。你對自己沒有信心，會忍不住過於擔心。只要暫停下來釐清狀況，就能夠擺脫惡性循環。

寶劍十

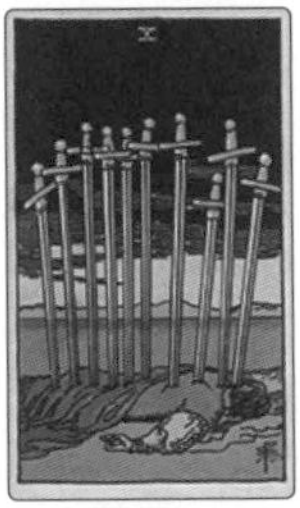

令人震驚的事件是脫胎換骨的好機會

可能會發生令人震驚的事件，足以瓦解你的信念。你會變得再也無法相信任何人，或迷失自己前進的方向，情緒跌至谷底。但你也會反過來因此下定決心，迎來逆勢向上的機會。

寶劍侍者

善加運用源源不絕的靈感

許多理想會在你心中不斷湧現而出。你會接二連三地浮現「我想做那個」、「我想做這個」的點子，卻總是無法付諸實行。不要兀自宣告結束，也試著把這些想法積極地傳達給周遭的人吧！你應該會獲得意想不到之人的協助，成功地開闢道路。

寶劍騎士

拋開迷惘，踏上自己選擇的道路

你會順利地戰勝迷惘或誘惑，朝成功的道路前進。由於會接收到大量資訊，從中取捨選擇吧！在你覺得「就是這個」時速戰速決，是成功的關鍵。心懷自信地在自己決定的道路上前進吧，這樣就能抵達符合你理想的未來。

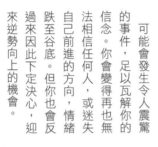

寶劍王后

根據過去經驗大幅成長之時

冷靜的判斷將能開闢出通往成功的道路。你會竭盡所能活用從過去經驗學到的事物，而不會重蹈覆轍。目前的問題也會順利地解決。你會強大到可以獨自克服任何困難，成為深受周遭眾人欽佩的存在。

寶劍國王

以決策能力為關鍵，開闢正確的道路

你可以選擇正確的道路，充滿力量地勇往直前，並發揮出優秀的判斷力及決策能力。你還會幸運地擁有可靠的夥伴，在遭遇困難時能與彼此分享智慧或建議。達成目的的環境已準備妥當，只要你本身意志堅定，事情就會進展得十分順利。

錢幣一

目前位於眼前的事物及其他可能性

這是一張代表吉兆的牌。由於是象徵物質或肉眼可見之世界的花色「一」(Ace)，因此會引導你獲得具體成果。不過，這也是全新的開始。你可能會在有別於你至今發展的領域嶄露頭角。只要你同時注意一下其他事物，好運就會上門。

錢幣二

出現新的邂逅，擴展活動領域

原本停滯不前的事情開始有所進展。你目前正在處理的事項或是煩惱多年的問題，都會出現解決的徵兆。只要事情開始步上正軌，你的日常生活就會變得比之前更忙碌。你與他人之間的互動也會增加，並會有許多新的邂逅，所以精力充沛地參與活動是件好事。

錢幣三

微小的契機是巨大進展的關鍵

你至今為止的努力或功績會獲得周遭眾人的肯定。你一句不經意的話將會打動對方的心，或是因為一些微不足道的行動提升別人對你的評價。原本半途放棄的事物也會出現意想不到的進展。只要不擺爛，認真面對每件事，就會得到令人滿意的結果。

錢幣四

迴避風險，過著穩定生活

藉由穩健的行動與謹慎的判斷，能使你過著穩定的生活。因為你是一邊小心翼翼地加強防禦，同時一點一點地前進，所以變化是循序漸進的。如果過於追求安穩，執著於特定人物或堅持維持現況，反而會花費很多時間才有進展，必須多加注意。

錢幣五

因喪失自信而看不見出口

當你知道自己描繪的理想無法實現時，將會十分沮喪。這個失敗可能會使你大受挫折，讓你對自己失望。請拋棄你至今的堅持、執著及不必要的事物。再次審視自己，重新出發吧！

錢幣六

成功人士的指引是前進的動力

你會獲得意料之外的人物協助，大幅躍進，並會從已經領先於你的成功人士或受人尊敬的長輩那裡獲得有益的建議，或是直接的協助。他們也可能會看中你的才華或野心，所以請記得積極地與周遭眾人交流互動。

錢幣七

迷惘與糾葛將導致暫時中止狀態

你會對自己該前進的道路有所迷惘。現在正是重新思考自己做過的事，或今後該往何處發展的時期。要注意不可在一時的衝動下作出重大決定。別被周遭的意見或當下的氣氛牽著鼻子走，請以自己的步調仔細看清應當前進的道路。

錢幣八

努力開花結果之時，勿忘初衷

腳踏實地地努力會帶來令人高興的評價。乍看之下是繞遠路的行動，將會成為巨大成功的根基。你一直以來以自己的方式默默努力，不只會獲得周遭的人稱讚，也會提升自己的技能。當你找到只屬於自己的「唯一」時，事情就會一口氣大幅進展。

錢幣九

為了將來備齊良好環境

你可以靠自己的力量構築起全新環境。不需接受別人的支援，而能按照自己的想法在自己相信的路上前進。經濟基礎也十分完善，可過著舒適的日子。因為在精神上的自立也有所進展，你會對自己產生信心，逐漸找出活路。

錢幣十

身心都很滿足的充實幸福

你將繼承某個人已經構築好的事物，或者有可能接下重大的任務。你累積至今的事物將開花結果，明確成形，因此也必須具備身為成年人的自覺。無論在物質或精神上都獲得滿足，你將過著比現在更穩定且游刃有餘的生活。

錢幣侍者

朝著夢想前進，最棒的機會

你朝著憧憬已久的夢想一口氣展翅高飛的機會到來。會收到對你而言求之不得的邀約，在邂逅運及良緣方面也備受眷顧。但千萬不要輕忽大意。若你能注意不要得意忘形，保持細心及真誠的態度，成功的道路就會在你眼前拓展開來。

錢幣騎士

腳踏實地做好眼前的事

只要你一心一意地往前走，最後會得到令你滿意的結果。因為是踏實的努力開花結果，所以並非劇烈的變化。成長的速度雖然十分緩慢，但可以在沒有風險的情況下掌握成功。最快的捷徑是繼續勤奮踏實地做自己現在能做的事，不要在中途放棄。

錢幣王后

精神面上的成熟與令人放心的環境

你將藉由累積至今的經驗使精神面發展成熟。無論面對任何困難或問題，都可以沉著應對。你會選擇最佳道路，毫不費力地加以克服。人際關係很圓滿，愛情方面也備受眷顧，並累積了充分財富，你似乎能讓自己處於由衷放心的環境中。

錢幣國王

出現能改變局勢的協助者

你獲得飛躍性成功的機會到來。你會遇見堪稱「人生導師」的人物，並受到對方的強烈影響。可靠的協助者出現後，你的未來將一口氣拓展出許多可能性。你也會獲得更多挑戰全新事物的機會，過著充滿刺激的每一天。

選擇塔羅牌的方式、基礎保養及管理方式

塔羅牌的種類相當繁多，一開始挑選時，你可能會很猶豫該購買哪一種。在店裡實際拿取，挑選自己喜愛的塔羅牌當然也不錯，但如果要正式接觸，正規作法應該是掌握基礎的萊德·偉特·史密斯塔羅及馬賽塔羅牌，再以此為基礎來慢慢添購喜歡的類型。

此外，也推薦參考附有塔羅牌的解說書籍。雖是自吹自擂，但拙著作及拙譯作《靈魂塔羅牌全書》（暫譯）（說話社）、《完全版命運塔羅牌》（暫譯）（二見書房）、《神諭塔羅牌》（暫譯）（原書房）、《第一次的塔羅牌》（暫譯）（ホーム社）都很推薦各位參考。

另一方面，構成方式不同於一般塔羅牌的伊忒拉（艾特拉）塔羅牌，則不建議初學者使用。不過這是十分美麗且具有歷史價值的牌組，所以也可以買來欣賞或收藏。

再來是關於保養及管理方式。關於這點有著各式各樣的意見。有些塔羅占卜師認為必須以特殊方法來「淨化」或「聖化」塔羅牌，但我個人則認為不需要特別拘泥於這件事。當然，如果你想這麼做也沒有問題。

只不過，還是要呼籲大家遵守一些基本原則—不以骯髒的手觸摸、注意溼度、占卜時保持桌面整潔，並避免陽光直射。

雖然也有人認為不能讓他人碰觸，但這點我本身也沒那麼講究。當然還是要盡量避免讓孩童碰觸、凹折或把塔羅牌塞進嘴裡喔！

PART 2

實踐凱爾特十字法解析

透過實際解析，獲得解讀提示

至此，我已經解說了七十八張牌分別出現在十個位置，共七百八十種模式的涵義。「那麼，只要將這些組合起來，就能作出專業占卜師般的解析嗎？」你或許會這麼想。

塔羅牌的深奧之處，就在於未必如此。事實上，光是串起牌面涵義並不能稱作「解析」。倒不如說，目前為止僅是蒐集材料的階段，接下來才要開始進入正題。

我接下來將以實況轉播的形式，介紹我在解析實際煩惱時的模樣作為範例。請試著從我們的交談內容中，感受解析的樂趣及自由度。其中想必也會出現一些與至今為止所解說的涵義有所齟齬的部分，雖然抱歉，但這也是沒有辦法的。

前一章所刊載的解釋終究只是範例。有的人正因戀愛所惱，也有的人是煩惱工作或擔憂自己的個性，因此即使抽到同一張「魔術師」牌，塔羅牌呈現的表情也會隨之產生變化。有多少疑問就會產生多少解釋，這是理所當然的，因此請試著配合拋出的問題，拓展專屬於自己的意象。

答案不在牌面，而在你的心中

使用塔羅牌占卜時，希望你務必記住，抽出的牌或出現在牌陣上的位置雖然重要，但那並非答案本身所在。

換言之，我希望你關注的是透過「此時」在「此位置」抽出的「此張牌」這項事實，從而引出的「你的內心想法」。

無論抽出再好的牌，也可能會令人感到不安。因為即使是好牌，也可能會令人產生「好得過頭」、「不太對勁」的感受；而即使抽出了「死神」，或許也會有認為「果然如此」，而不可思議地鬆了口氣的情況。

答案不在牌面，而在你的心中。請務必注意自己在看見牌面的那瞬間湧上心頭的想法、直覺、身心上的細微反應，當中往往會潛藏著意料之外的真相。

儘管一開始會遵照塔羅牌或位置涵義等「形式」，但之後終究會逐漸脫離「形式」，而能以自己的風格隨心所欲地解析，這樣是最理想的。不久後，你也可能會體驗到「準確命中」得令人戰慄的經歷，相信十張塔羅牌應該會為你編織出意想不到的故事。

塔羅牌占卜並不是「只要靜靜坐在那兒就會準確命中」的事物，關鍵在於「對話」。這裡所謂的對話，指的是你與塔羅牌之間的對話，以及你與商量者或你自己本身之間的對話。

因為牌面涵義是「意象」，內容在大多數情況下都曖昧不清。而以此結合實際情況作對照、相互比對，思索著這對於現在的自己，或是商量者而言究竟有何意義……的過程中，應該就能感覺到「喀嚓」地吻合的情況。將原本曖昧不清的意象「結晶化」後化為實體——英國占星術權威傑佛瑞·柯內流斯（Geoffrey Cornelius）大師等人稱之為「Real-ization」，意指「理解」，同時也是「化為現實」。

屆時，不僅是單張牌，與其他牌之間的相關涵義也會同時浮現。在你與商量者或是與你本身的對話當中，幾乎是無限多種的牌義將會以「是不是這樣？」，不對，「是這個！」的形式化為結晶，而這正是所謂的以塔羅牌占卜的樂趣。

實踐解析　占卜主題

CASE：1【工作】

「我在學生時代曾以報社記者或電視臺採訪記者為目標，但現在則在出版相關公司任職。會參與書籍的編務工作，也會接觸販售相關的工作。目前進入公司第二年，從事書籍相關工作雖然非常愉快，但另一方面，我也在煩惱著究竟是該繼續待下去，還是應該朝著原本想從事的記者工作努力看看。」（A・25歲）

【牌陣】

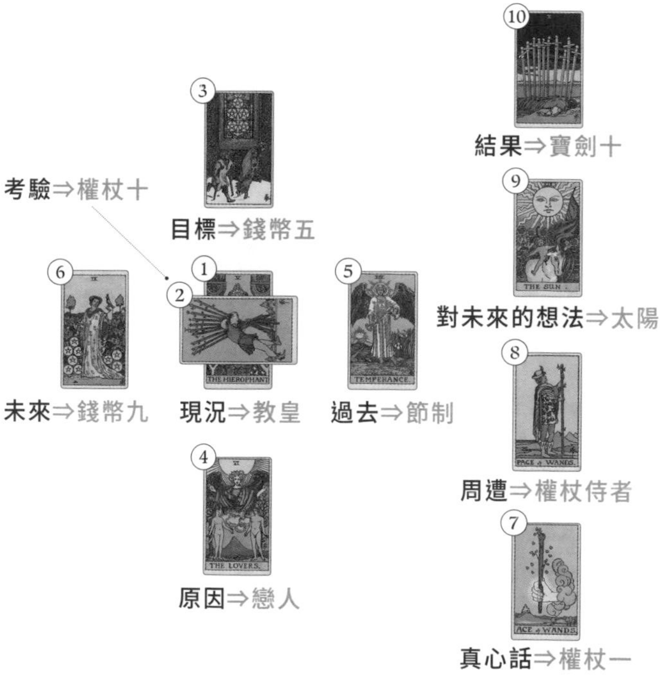

當大阿爾克那十分醒目時，也暗示著轉機

A 現在的工作當然很愉快，但我也很想朝著原本的目標繼續努力……畢竟我原本就想作些社會問題、家庭貧困或教育城鄉差距等題材的相關報導。

鏡 原來如此，您相當迷惘呢！首先，在〈①現況〉出現了「教皇」這張與教育或出版緣分深厚的牌。教皇具有強烈的道德倫理觀念，是「想引導眾人」、「想推廣好事」這種行為的象徵，因此您會有著「想將重要的事確實地傳達給眾人知道」的強烈意識；也可以認為是您身邊有著適合引導您的前輩在。由於您說想作些能曝光社會實際情況的報導，這份意識似乎也在〈③目標〉以「錢幣五」這張牌呈現。您覺得這張牌看起來如何？

A 這個人拄著拐杖，看起來非常難受。

鏡 沒錯，這是處於痛苦之中的人。這或許描繪出了您所關心的社會貧富差距或貧困問題，看來您關注著這點的意

識果然非常強大。

A 是這樣啊，我覺得這幅畫真是駭人。

鏡 此外，回到我一開始提到的「教皇」，教皇是宗教領袖，會思考眾人內心的理想狀態或生活方式，這點或許強烈地表現在您對社會問題的關心，或是想將想法傳達給眾人的意識上。也因此，您應該曾經針對目標，以自己的方式作出了艱難的抉擇。在〈④原因〉出現了「戀人」，視情況而定，您或許是基於內心的某種衝動，而進入現在的公司，但其中也有「被迫決定」的強烈感覺。

A 的確，在決定未來出路時，我也是以「能否從事最接近自己理想的工作」來排定先後順序並作出選擇的。

鏡 至於針對您目前的煩惱，最大的障礙究竟為何，則是出現在〈②考驗〉的「權杖十」。意思是您很忙碌……總是沒有時間嗎？

A 啊——確實是這樣沒錯。

鏡 事物正以驚人的速度發展，您雖然覺得自己「一直以來做的是正確的」，卻也面臨稍微停下腳步的時機。**由於在現況、過去、對未來的想法上都出現了大阿爾克那這樣強勁的牌**（※1），也許是時候根據至今為止的情勢來思考「何謂自己真正的風格」

了。而由於「節制」出現在〈⑤過去〉的位置，代表您在回顧過往時，或許發現曾有「自己其實想要這麼做，卻被強勁的流勢給拖著走」的情況。在這兩個杯子之間流動的水給人這種感覺。

A 換言之，我目前正值感到迷惘的時期嗎？

鏡 可以這麼認為。相對於過去，現在的您正好要迎接能夠切身體驗「能活得符合自己風格」的時期。自從決定選擇目前的工作後，您既感覺到充實，另一方面也有「被拖著走」的感覺，可以說對於人生一連串的流勢有著強烈的實際感受。而由於在〈⑥未來〉出現了「錢幣九」，您如果維持現狀，似乎就能夠以積極且有成就感的幸福狀態繼續前進。

A 太好了，也就是說，我首先就繼續這樣努力下去比較好吧！

鏡 不過，因為在〈⑦真心話〉出現了「權杖二」，代表也許會誕生與至今為止的流勢有所不同的熱情？由於所謂的「二」（Ace）正是顯示「起始」的牌，這代表「我真的這樣就好了嗎？」的覺察或回歸初衷的心情正在提升。

A 哦，所以這或許就是我為什麼會想回

鏡　歸剛進公司時的動機，好好思考自己今後發展的原因。

您本人正在思考許多事，但從「權杖侍者」出現在〈⑧周遭〉的位置來看，您周遭的人們似乎仍把您當成「菜鳥」看待。這張牌是僕人、見習生、信差的圖案。

A　我覺得正是如此。

鏡　我認為正因為如此，周遭才會多方體諒，並給予您全新挑戰的機會。因為在〈⑨對未來的想法〉出現了「太陽」，您今後應該能有很好的自我表現。而問題在於出現在〈⑩結果〉的，是七十八張塔羅牌中最強烈的牌之一「寶劍十」。

A　從圖案看來，這是張令人擔心結果會不會不太好的牌……

鏡　不不不，這張牌**當然並非代表「真的已經不行了」，而可以說是「窮極」某種事物的狀態**（※2）。寶劍對應撲克牌中的黑桃，而十則顯示最高的位階。所謂的寶劍是代表智慧的事物。換言之，您今後或許會感覺到自己智慧的天花板，也就是所謂的極限。不過等著您的是足以動搖自身價值觀的發展，絕對不是一件壞事。

A　意思是我的世界會以此為契機擴展開來嗎？

鏡 沒錯。倒不如說，您今後或許能從全新的視角看待重大的選擇。就這類意義上而言，挨了罵、在採訪時獲得意料之外的經驗等等，都可說是「用劍刺傷老舊的自己也無妨」。

A 也就是「自我破壞」的感覺呢，如同這張塔羅牌的圖案。

鏡 是的，關鍵在於不要過於畏懼迎接極限而有所改變的事實。

A 我稍微放心了。

鏡 您目前或許會對於該如何選擇工作而感到迷惘，不過今後應該能自然而然地獲得重大機會，因此先別太焦急比較好。

A 謝謝，我會靜待那個轉機造訪的！

鏡 其實，**這次的結果完全沒有出現聖杯呢**（※3）！雖然可以解釋成因為是工作方面的諮詢……但您或許有下意識壓抑了自己的情緒、感情或情感上變化的可能。比如說試圖對某些事物視而不見……建議您最好將這點放在心上。

※1　牌陣中若是出現大阿爾克那，則具有衝擊性。由於象徵著堅強意志、無法抗拒的流勢、印象深刻的事件，請特別注意並試著解讀吧！

※2　別只是注意塔羅牌的圖案或關鍵字，也請試著注意數字。這麼一來，就能解讀出「十＝窮極」，因此「寶劍十」未必全是負面解釋。若是對數字有感，就試著從那裡拓展意象吧！

※3　不僅是出現在牌陣中的牌，就連「並未出現的牌」也可以解讀為提示，這就是一個例子。並非如同一問一答般一張張解讀，而是試著俯瞰、眺望牌陣整體，或許就能察覺意想不到的提示。

CASE：2【戀愛】

「我現在 27 歲，總有一天能夠結婚嗎？我現在沒有對象，只是滿足於追著喜愛的偶像，卻又對自己的未來感到擔心。」

（B・27歲）

【牌陣】

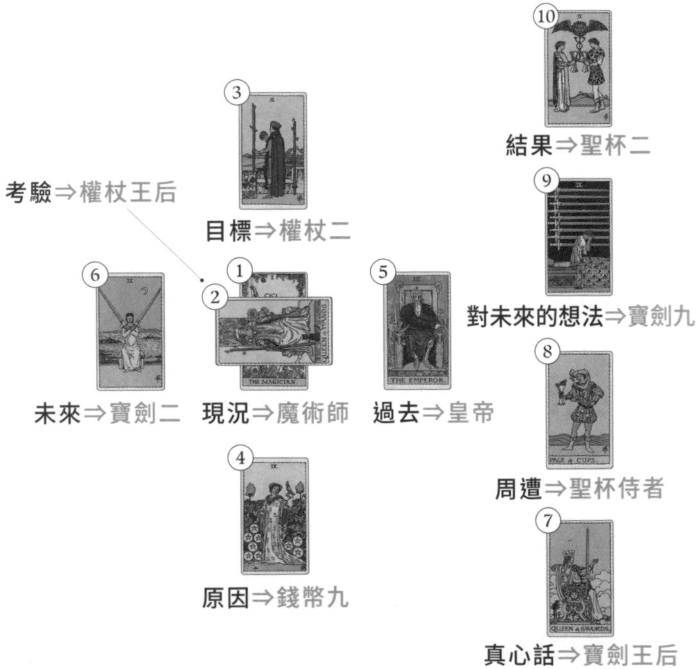

從靈感拓展解釋

鏡　您現在獨自一人也不會感到寂寞嗎？

B　我有個喜歡的偶像，追星時其實相當忙碌，不太會感覺到寂寞。

鏡　原來如此。也就是過得相當充實。

B　但一想到結婚的事，還是很擔心……。

鏡　我明白了。那麼，就用凱爾特十字法牌陣來檢視看看。「魔術師」出現在〈①現況〉的位置，這張牌的涵義是「開始」或「起點」喔！會不會代表著如您剛才所說，**您才剛開始獨自生活沒有多久**（※1）呢，您目前是否處於才剛剛展開全新生活，還覺得一切都十分愉快的感覺呢？

B　是啊！（笑）

鏡　而出現在〈②考驗〉位置的是「權杖王后」，這張牌代表的是充裕的女性。此外，代表舒適地獨自生活的「錢幣九」也出現在〈④原因〉的位置，可見得您現在真的過得很愉快。正因為如此，您才會擔心自己不會產生「想採取行動改變現況」的念頭，而一直維持現況下去，導致遲早想要結婚的願望無法實現吧！

B　啊——對對對，沒錯。

鏡：在這樣充實的日子中，「權杖二」出現在〈③目標〉的位置。這意謂著雖然正在尋找能令自己更加滿足的事物，卻尚未找到具體的事物。換言之，這表示您雖然有想找到兩情相悅的伴侶的念頭，但現實中卻尚未邂逅吸引您的對象。

B　是啊……我總是在想，自己為什麼都沒有好的邂逅。

鏡　關於這點，我想關注的是位於〈⑤過去〉位置的「皇帝」，這張牌的意象為「強悍的父親」、「具有領導能力的男性」。或許可以解讀成令尊或是以前的對象曾壓抑過您，做出奪取您自由或獨創性的事情來。對方雖然充滿魅力或可靠，但是否反而會令您產生反抗心態，認為「我不想被控管到那種程度」、「我明明就想隨心所欲地做自己愛做的事！」呢？

B　咦？真厲害，我心裡有底！

鏡　根據這點來看〈⑥未來〉，出現的是「寶劍二」，是一名矇著雙眼的女性姿態。我認為這指的是您應該珍惜能沉浸在自己世界裡的時光。並非以令尊的女兒或某人的女友身分，而是需要回歸B小姐您作為一個人的本質，而且您也已經具備了能幫助自己做到這點的環境。

而出現在〈⑦真心話〉這個位置的牌同樣也是王后，是「寶劍王后」。如同剛才所看到的，位於〈②考驗〉的「權杖王后」也是如此，兩者都是強悍的女性形象。B小姐，您是否有著很堅定的意志呢？

B　經常有人說我「很好勝」。

鏡　我認為您正在邁入某一個階段，並非只是掌握自身這份強悍的表面部分，而是要使其從更深處充分地熟成，因此您目前似乎自然而然地將內心的能量用在這個地方上了。

而「聖杯侍者」則出現在您〈⑧周遭〉的位置上，這是一張可愛的塔羅牌，**但以您的情況來說，可以解讀成兩種涵義**（※2）。第一種是原本隱藏在您心裡某種惹人憐愛的部分，將能夠展現給周遭看見。

B　這是真的嗎!?我雖然很高興，但有點難為情耶！

鏡　而另一種涵義則是您現在正在瘋迷的偶像，對現在的您而言是非常重要的存在。能感覺到純真、開朗而充滿喜悅的氛圍。

B 我認為這個解釋更符合我自己（笑）。

鏡 而與這種閃閃發光的「聖杯侍者」呈現對比的，是代表〈⑨對未來的想法〉的「寶劍九」，這張牌通常容易被解讀為陰暗的印象。牌面圖案看起來像是在悲傷哀嘆吧？不過，根據目前為止的解析過程，這張牌對您而言或許含有積極正面的涵義。搞不好再過一陣子，您就會感覺到有些寂寞囉！

B 這算是……好事嗎？

鏡 您現在雖然靠著自身能量，盡情享受活著的充實感，不過一旦結束，到時就會突然驚覺，「咦？一個人感覺好寂寞啊！」到那時候，您應該就會認真開始思考關於戀愛或結婚的事，並付諸行動了，不是嗎？

B 搞不好我現在並不是真心這麼想……？

鏡 B小姐，您自己怎麼覺得？

B 嗯……我是真的很煩惱，不過……「再稍微享受一下獨自生活的時光或自己的興趣」這樣的念頭或許的確比較強烈（笑）。

鏡 您只要維持現狀就好，沒有必要逞強。如同我剛才所說的，只要在意識到「一個人感覺好寂寞」的時候，再開始行動就行了。而前方可以看見的是位於〈⑩結果〉的「聖杯二」，這是一張很有可能邂逅某個令人深受吸引的人物，並一口氣墜入愛河的牌。而且也意謂著體貼對方、關係進展，所以不需要太過擔心。

只不過，當您真的面臨那種狀況時，請注意到時別替自己踩下煞車。您或許會回想起位於〈⑤過去〉的「皇帝」所象徵的受壓抑經驗，而擔心起「這個人或許也會想控制我」，不過以嶄新的心情正視對方是很重要的。試著提醒自己主動敞開心房怎麼樣呢？

B

我明白了，謝謝！

鏡

這次出現了多達三張的「二」，是個很有意思的暗示（※3）呢！所謂的人，如果獨自存在就是孤獨的生物，得在有兩個人時，才會產生關聯性。這是否代表著您現在正要展開構築起自己與其他人之間，成熟大人關係的第一步呢？

※1 用不著多說，「魔術師」是大阿爾克那中代表起始的牌。所謂的第幾號牌正是個簡單明瞭的提示，這就是一個例子。除此之外，還能簡單地分成奇數牌為主動、偶數牌為被動兩種。

※2 可從塔羅牌導出的答案未必僅限於一種，尤其是在替他人占卜時，像這樣提供兩種可能性的暗示也是可行的。

※3 出現如此有趣的一致情形，正是解析牌陣的醍醐味。一個人在成長並建立自我的過程稱作「啟蒙」，而帶入這位商量者的情況，或許可以解釋為逐漸意識到在這世界上並不只有自己，還存在了他人（對象）的「第二啟蒙期」。這也是從塔羅牌的「二」這個數字上獲得靈感的呈現方式。

實踐解析　占卜主題

CASE：3【住宅】

「我去年結了婚，現在與伴侶租了間公寓生活。雖然認為差不多該買房子了，但考量到社會局勢及我們的生活方式，究竟該選擇公寓大廈還是獨棟樓房比較適合？」

（C．33歲）

【牌陣】

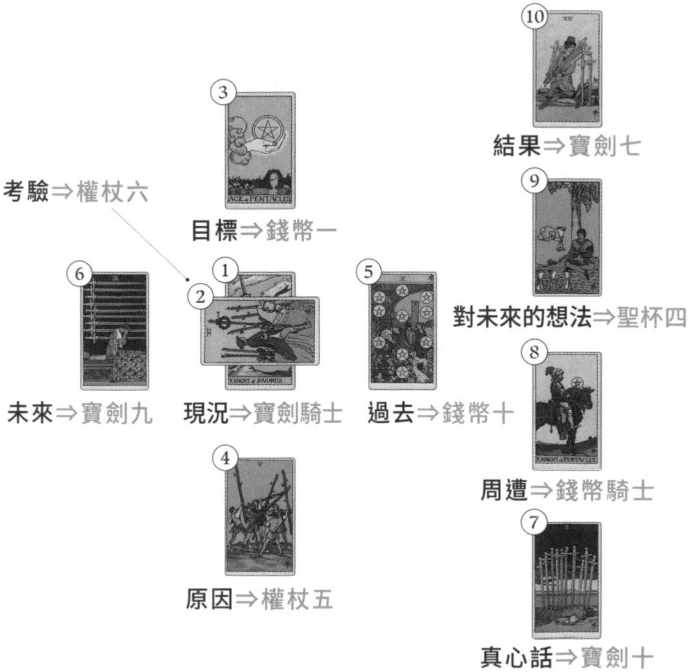

注意同樣花色或數字，作為故事的提示

C　其實我在去年結了婚……正在煩惱將來該住獨棟樓房好，還是該買公寓大廈才好。由於在家度過的時間增加，我雖然很想講究居住環境，但我及伴侶都沒有很強烈的「一定要住公寓大廈！」或是「我想要住獨棟樓房！」之類的想法。

鏡　原來如此。那麼就立刻來展開牌陣吧……咦？沒有半張大阿爾克那耶，感覺是個欠缺衝擊性的發展。此外，**由於是跟財務相關的問題，我原本以為會出現更多錢幣牌**（※1），但出乎意料地只有三張；另一方面，聖杯牌甚至只有一張。

「寶劍騎士」出現在〈①現況〉的位置，可以看出是各式各樣的事件急速動起來，導致了目前的狀態。作為根基的則是出現在〈④原因〉的「權杖五」，想必是各式各樣的事撞在一起，導致狀況一團混亂吧！發生了好幾起作為主因的事件，而果斷作出決定的結果，就是兩人結了婚展開共

同生活——也就是發展成目前的環境，是這樣嗎？

C 正是如此！從決定結婚到邁入目前的生活簡直快得迅雷不及掩耳，連我自己也感到吃驚。

鏡 此外，**錢幣牌出現的位置是〈⑤過去〉及〈③目標〉**。（※2）這裡也很有意思，位於〈③目標〉的是「錢幣一」，而位於〈⑤過去〉的則是「錢幣十」。在小阿爾克那中，一是最小，十是最大的數字，代表到了極致後，又回歸起點。也就是說，您一定相當滿意出生成長至今的家庭或環境，是否想要重建令自己感到滿意的環境呢？儘管沒有自覺，但您應該曾經感受過某些事物，而且想要加以重現。

C 經你這麼一說，我在孩提時代似乎沒有那麼不滿……如果問我是否想重現父母構築起的家庭，或許的確有這個念頭。

鏡 另一方面，在〈⑥未來〉及〈⑦真心話〉的位置則接連出現了「寶劍九」與「寶劍十」，由於這個位置象徵的是今後的未來與本人，因此這代表即使放手，等待著您的……或許也並非喜悅而光明的未來。從這裡看不出來這指的究竟是您目前煩惱的住宅問題，抑或是社會局勢或周遭環境，但在您心中似乎有所掛念。

C 確實如此。我們在結婚前曾稍微起過爭執，我總覺得還有些不安。

鏡 原來如此。所以才會感覺不安（如牌面圖案般）依然扎在身上嗎？此外，結婚一事是否與您想像的有些差異？比如說「雖然結了婚，但大部分時間依然是獨自度過」？您是否也感到有些失望地認為「原以為結婚後就能有嶄新的開始，結果卻是這樣」呢？這可能也與對未來感到不安一事有所關聯。

而下一張牌是〈⑧周遭〉的「錢幣騎士」，與出現在〈①現況〉位置的「寶劍騎士」相比，周遭的事物或許進展得不像之前那麼迅速了，不過，儘管步調緩慢，但隨著您思考著許多事，事情應該還是會一步一步地穩健發展的。

C 太好了！由於寶劍牌的圖案或涵義有些險惡，令我原本有點擔心。

鏡 而成為最後關鍵的，是出現在〈⑩結果〉的「寶劍七」，這張牌象徵的是小偷、作弊或強搶。

C 什麼！

鏡 不過這張牌所代表的絕對不是只有「提防失竊」這種涵義，這時候試著回想商量內容，由於您的目的是「想要買房」，代表搞不好需要作點弊，正確地說是採用有些狡詐的技巧。

C　嗯——這是什麼意思？

鏡　這指的是**或許需要考慮正攻法以外的做法**（※3），如果只是跟周遭眾人一樣，按照規則上網預約排隊等候……應該很難找到符合您心目中條件的房屋。因此別這麼做，而是比如說運用家人或親戚的門路；不侷限於新成屋，也同時在中古屋中尋找符合期望的房屋；或是試著議價等等。儘管會令人覺得作法有些狡猾，但您沒必要因此感到內疚。

C　原、原來如此！

鏡　接著，再次審視牌陣中的牌面整體，會發現十張牌中有多達四張的寶劍牌，這比其他花色來得多且引人注目，看起來重不重要呢？

C　的確，感覺都出現在關鍵位置上。

鏡　寶劍牌常被人認為偏凶兆，不過這次則能解釋成代表智慧或資訊。無論是選擇獨棟樓房還是公寓大廈，不僅是使用既定作法，多方蒐集資訊並採取各種手段也是相當重要的。

C　真驚人！抽出的牌與現況不可思議地吻合啊……我的確打算先不考慮公寓大廈或獨棟樓房，總之先廣泛蒐集

鏡

資訊，以找到令人滿意的房屋。

還有，出現在〈②考驗〉位置的是「權杖六」，這張牌顯示的是您正處於優勢。這張牌出現在這個位置，或許代表的是您至今為止都處於比伴侶更高的地位，或是有更多的經驗值等較為有利的立場上。而這點今後或許會反過來也說不定。

C

我目前處於有利的立場上嗎……我會銘記在心的！

※1 根據問題內容可能會出現怎樣的牌，有時可以一定程度地預測到。若是如同預測，解讀起來就會比較容易，但解析的有趣之處就在於總會出乎意料之外。這時候也可以根據「並未出現預測的牌」這點，來拓展解析的幅度。

※2 分別解讀各個位置雖然重要，但如果出現令人在意的點，比如說連續出現相同花色或數字，也請注意這點。這麼一來，各自的涵義有時就會自然而然地串連起來，並導出全新的答案。就這層意義上來說，開始解讀之前，可以試著觀察出現的塔羅牌中，占最多花色及數字的分別是哪些。

※3 即使是只考慮牌面涵義會難以解讀的情況，只要試著根據商量內容思考，就能產生新的解釋，這就是一個例子。而在此案例中，則是將凶兆強烈的「寶劍七」與「想要買房」的煩惱搭配，將牌面涵義解釋成購屋時採取的手段。就像這樣，各位明白了儘管在〈⑩結果〉的位置出現印象不佳的牌，也未必會導向負面結局。在解讀每一張牌時，重點在於必須隨時將問題內容放在心上。

「我很擔憂自己的晚年，雖然至今為止都在做自己喜歡的事，但最近卻開始思考『退休後會變成怎樣呢？』畢竟欣賞戲劇或音樂會等興趣還是得花錢，我雖然認為這樣下去不行，卻實在難以想像。」

（D · 56歲）

【牌陣】

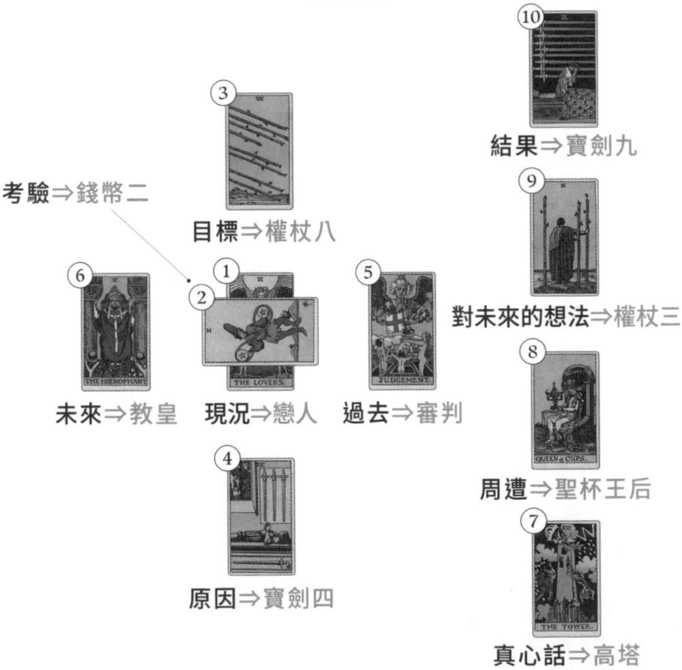

不受牌面圖案的意象束縛，隨心所欲地想像

D 由於我每天都過得很愉快，至今從未在意過自己的晚年，話雖如此卻也覺得不能這樣下去……。

鏡 原來如此。由於「戀人」在〈①現況〉的位置，可以看得出您十分「享受當下」。儘管您表示開始擔心自己的晚年，但就現況而言似乎仍過著由衷感到愉快的每一天。不過，因為「錢幣二」出現在〈②考驗〉的位置，代表您的障礙是過於忙碌，雖然忙碌卻又有許多活動，是處於活動頻繁的狀況嗎？

D 我的確或許因為有許多預定行程而相當忙碌。

鏡 在過去、現在與未來這一連串流勢中出現了三張大阿爾克那，可說是非常具有暗示性。儘管在現況中出現代表日常生活中的快樂，但**展望未來則出現了令人震驚的牌**（※1），因此可能會目睹周遭的人晚年痛苦的模樣，或不時產生未來迫在眉睫的感覺等等。

D 也有些令人感覺害怕的牌呢！

鏡 看起來或許是如此。如果試著看看較近的〈⑤過去〉，由於「審判」代表的是甦醒或覺察，目前的狀況或年紀等現實問題或許會蜂擁而至。而位於〈④原因〉的「寶劍四」乍看之下是過於忙碌，因此也顯示出您想稍作休息，或是停下腳步的時機。

D 嗯，在開始考慮起晚年這點上，或許確實如此……。

鏡 再加上位於〈③目標〉的「權杖八」，代表的是自己本身的世界動個不停，令人強烈地感覺到「啊，時間真是稍縱即逝」，這點存在於您的內心一隅，作為目標……應當前進的道路。而關於〈⑥未來〉，出現的是代表顧問或建言者的「教皇」，因此可能會出現能對您的未來提供有益建言的人物，或是藉由興趣獲得的人生經驗值能對今後有所助益；也可以認為是您接觸至今的藝術內化為智慧，從您身上湧現而出。此外，或許能從透過與趣認識的人物口中獲得有益的建言。

D 原來如此，也就是說我也會從至今為止欣賞過的舞臺劇本身，或有共同興趣的朋友身上獲得許多吧！

鏡 轉機會以此為契機造訪，這或許就是出現在〈⑦真心話〉的「高塔」牌所代表的動搖。您無法繼續維持現有生活方式的那一天，日後遲早會到來。到時候當然無法感覺一切都很愉快，也可能會感到失落，然而，這並不會僅以負面結局作收。「權杖三」出現在〈⑨對未來的想法〉的位置，顯示出嶄新情況或下一個出發點，因此您將會掌握其他事物。比如說，在您將工作步調放得比現在還慢時，可能就會騰出一些時間，並開始做起其他事情喔！

D 這麼說來，曾有人對我說過：「要不要考慮當個占卜師？」實際上……我也曾經在朋友找我商量時替對方占卜，並收到點心作為回饋。這搞不好能成為我第二人生的形式？

鏡 占卜師，很不錯啊！其實在出現在〈⑧周遭〉位置的「聖杯王后」，確實是張顯示這種意象，令人印象深刻的牌。這張牌是**本次結果中唯一一張宮廷牌，也就是人物牌**（※2），同時也是僅有一張的聖杯牌。這張牌代表的是女性本身，比如說朋友、熟人或是女性原則。

D 我目前工作的職場組成的確是以女性為主，而且我至今為止在工作上合作過的對象也多是女性。

鏡 與這些女性之間的人際網絡，今後或許會成為您的助力。而即使是置身環境或價值觀截然不同的對象，在想法面上應該還是會有所相通的。就算不找太多人也無妨，若能試著與這樣的夥伴談論未來，或許能成為解決您煩惱的契機。

D 意思是關鍵在於跟他人交談嗎？

鏡 沒錯。實際上，您似乎曾幫朋友占卜過，而回饋很有可能會從點心、商品禮券發展到金錢，也就是能帶來收入。而不限於占卜，您似乎很擅長與人有所聯繫、關聯的事物。

D 是這樣啊。不過，接下來有一張牌令我有些在意……。

鏡 是〈⑩結果〉的牌吧？不過，若是根據前面的內容解讀起來，**對於出現在這裡的「寶劍九」，這名哭泣的女性就會有些不同的看法**（※3）喔！坐在床上獨自悲傷的模樣，或許會令人聯想到不好的結局，但這裡顯示的未必全是您自己的事，也可以判斷是在您周遭有人正在求助。

D 原來如此！比如說來找我商量煩惱的人吧！

鏡 這看起來就像是您本身與商量者所共享的「悲傷」。順著往下看，位於〈⑨對未來的想法〉的「權杖三」所繪製的港口，看起來像不像在等候那些

D 人們呢？看來您能從事的其中一條路線，已經呈現在牌面圖案上了。

太好了，由於最後出現的是哭泣女性的牌，我原本還擔心你若是告訴我「這是暗示著會有孤獨的晚年」，不知道該怎麼辦呢！

鏡 儘管看起來是狀況糟糕的牌面，也不代表就一定是負面意義喔！不過，您還是需要稍作準備。若要在最後補充一點該即時著手進行的事，那麼當然還是應該儲蓄資金比較好。由於位於〈②考驗〉的「錢幣二」，繪製的是循環流通的金錢，因此或許會在社會上過度運用資金。

D 既然是循環流通，不是代表「錢還是會回到手邊，所以沒問題」嗎？

鏡 嗯……或許會循環得太多了，試著將循環稍微減少，並為了往後著想，事先留一點在自己手邊或許比較好。這麼一來，應該也能消除您對於未來的不安感。

※1 不拘泥於一張牌，首先審視整體、拓展想像力也是很重要的。儘管是乍看之下帶有負面涵義的牌，藉此解讀後，也能拓展解釋幅度。

※2 出現在牌陣中的唯一一種牌，多會帶有特殊涵義。在此案例中指的是「聖杯王后」，這會成為理解「有怎樣的人物對其造成重大影響、與怎樣的人物有所關聯」的重點。

※3 關於牌面圖案，在得出所有答案後再次試著關注，應該會有新的解讀方式。不要僅是如同查閱辭典般萃取牌面涵義，而要像是玩聯想遊戲般，將商量著的情況與社會局勢串連起來。

CARDS INDEX

此為二十二張大阿爾克那與五—六張小阿爾克那的基礎關鍵字集錦。請以此涵義為主軸，並搭配想占卜的主題來拓展想像力吧！

MAJOR ARCANA

0
愚者
THE TOOL

① 具可能性
② 天真／愚蠢
③ 事物起始

1
魔術師
THE MAGICIAN

① 技術
② 積極主動
③ 改變看法

2
女祭司
THE HIGH PRIESTESS

① 看不見的領域
② 深度理解
③ 清秀

3
女皇
THE EMPRESS

① 創造力
② 豐饒／快樂
③ 女性

4

皇帝
THE EMPEROR

① 領導者
② 權力導向／責任
③ 嚴格

5

教皇
THE HIEROPHANT

① 建言
② 智慧
③ 傳統／權威

6

戀人
THE LOVERS

① 戀愛
② 結合
③ 成對的事物

7

戰車
THE CHARIOT

① 勝利／成功
② 主導權
③ 目的／移動

8

力量
STRENGTH

① 強烈意志
② 自信／游刃有餘
③ 掌控

9

隱士
THE HERMIT

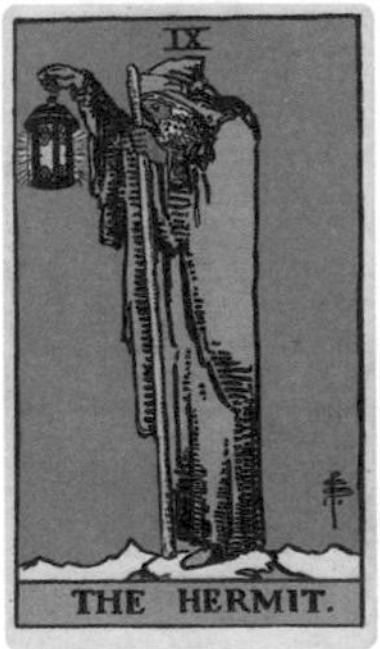

① 孤獨
② 分離
③ 老練／年長者

12
吊人
THE HANGED MAN

① 動彈不得
② 忍耐
③ 摸索／抑鬱

11
正義
JUSTICE

① 正義
② 審判／公平
③ 合理性

10
命運之輪
WHEEL OF FORTUNE

① 機會
② 轉機／轉變
③ 孤注一擲

15
惡魔
THE DEVIL

① 誘惑
② 欲望／執著
③ 陰暗情感

14
節制
TEMPERANCE

① 調整
② 交流
③ 包容力

13
死神
DEATH

① 臨終
② 再生／復活
③ 放棄／清算

16

高塔
THE TOWER

① 意外
② 失望／氣餒
③ 轉換

17

星星
THE STAR

① 希望／願景
② 純粹
③ 未來／才華

18

月亮
THE MOON

① 幻想
② 不穩定／優柔寡斷
③ 被動的／隱藏的敵人

19

太陽
THE SUN

① 生命力
② 成果／名譽
③ 自我表現

20

審判
JUDGEMENT

① 覺醒
② 復活／恢復
③ 突破／轉變想法

21

世界
THE WORLD

① 達到／完成
② 頂點／緩慢下坡
③ 穩定

MINOR ARCANA
WANDS

權杖一
ACE of WANDS

① 熱情
② 積極正向的思考
③ 精力

權杖二
WANDS II

① 野心／畏懼
② 對他人的期待
③ 交涉

權杖三
WANDS III

① 等待好運
② 長遠眼光
③ 微小的滿足

權杖四
WANDS IV

① 休息／放鬆
② 採取行動前
③ 根基

權杖五
WANDS V

① 混亂
② 爭鬥
③ 糾紛／口角

權杖八
WANDS VIII

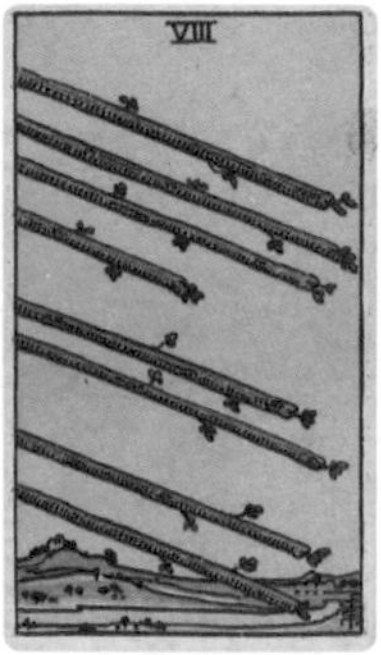

① 急速發展
② 迅速判斷
③ 不平靜的情況

權杖七
WANDS VII

① 維持現狀
② 持續努力
③ 潛力

權杖六
WANDS VI

① 勝利
② 獲得認同
③ 公布成果

權杖侍者
PAGE of WANDS

① 好奇心
② 新消息
③ 耀眼能量

權杖十
WANDS X

① 做過頭
② 沉重責任
③ 壓力

權杖九
WANDS IX

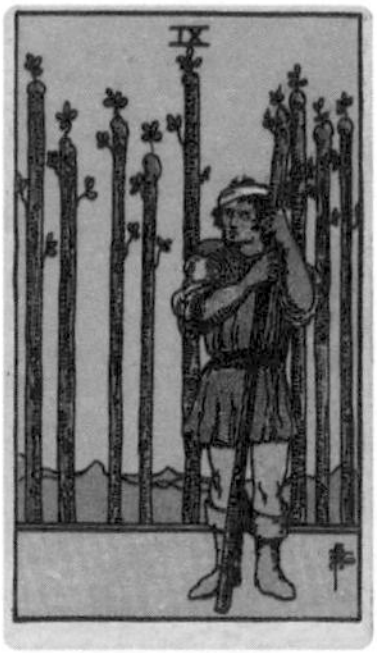

① 完工
② 最後階段
③ 防禦力

權杖國王
KING of WANDS

① 遠大目標
② 率領眾人
③ 領導力

權杖王后
QUEEN of WANDS

① 高傲
② 持續的愛情
③ 心

權杖騎士
KNIGHT of WANDS

① 行動力十足
② 無所畏懼
③ 年輕人

聖杯二
CUPS II

① 夥伴關係
② 兩情相悅
③ 關係進展

聖杯一
ACE of CUPS

① 深厚愛情
② 獲得支持
③ 產生羈絆

MINOR ARCANA
CUPS

聖杯五
CUPS V

① 深沉空虛感
② 不安無助
③ 後悔

聖杯四
CUPS IV

① 沒精神
② 隨波逐流的日子
③ 燃燒殆盡

聖杯三
CUPS III

① 共識
② 決定方向
③ 互相理解

聖杯八
CUPS VIII

① 擺脫
② 解放對方
③ 離巢獨立

聖杯七
CUPS VII

① 難以決定
② 沒有一致性
③ 愛作夢

聖杯六
CUPS VI

① 懷念過往
② 逃避
③ 無法獨立

聖杯侍者
PAGE of CUPS

① 豐富的感受性
② 毫無私心的善意
③ 純粹／脆弱

聖杯十
CUPS X

① 精神上的滿足
② 生活上的餘裕
③ 物質與精神上的富足

聖杯九
CUPS IX

① 願望實現
② 獲得
③ 物質上的成功

聖杯國王
KING of CUPS

① 導師
② 寬大
③ 援助

聖杯王后
QUEEN of CUPS

① 關心／照料
② 胸襟寬闊
③ 包容力強

聖杯騎士
KNIGHT of CUPS

① 理想的邂逅
② 全新體驗
③ 感傷

MINOR ARCANA
SWORDS

寶劍一
ACE of SWORDS

① 強大力量
② 使用武力
③ 全新可能性

寶劍二
SWORDS II

① 危險平衡
② 左右為難
③ 意見分歧

寶劍三
SWORDS III

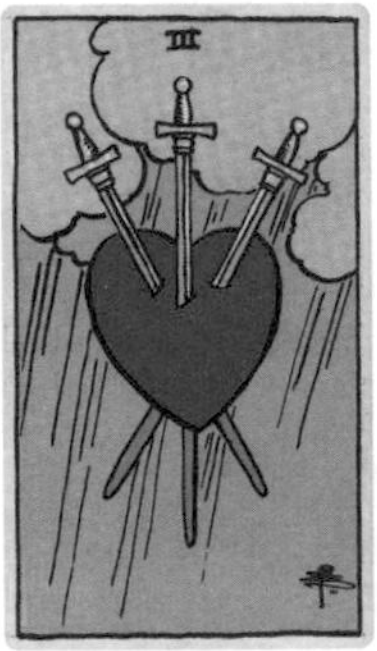

① 內心痛楚
② 罪惡感
③ 爭吵／中傷

寶劍四
SWORDS IV

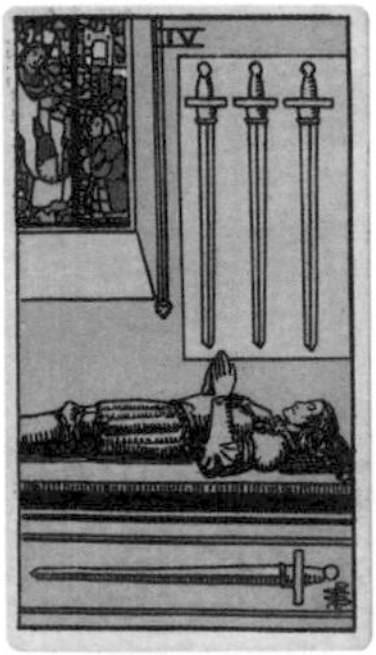

① 暴風雨前的寧靜
② 停止思考
③ 安靜的空間

寶劍五
SWORDS V

① 暴力行為
② 傲慢
③ 自我中心

寶劍八
SWORDS VIII

① 四面楚歌
② 孤立
③ 作繭自縛

寶劍七
SWORDS VII

① 祕密行動
② 策略
③ 前後矛盾／表裡

寶劍
SWORDS VI

① 問題解決
② 事態發展
③ 擺脫痛苦

寶劍侍者
PAGE of SWORDS

① 預見未來的眼光
② 創意優先
③ 諷刺

寶劍十
SWORDS X

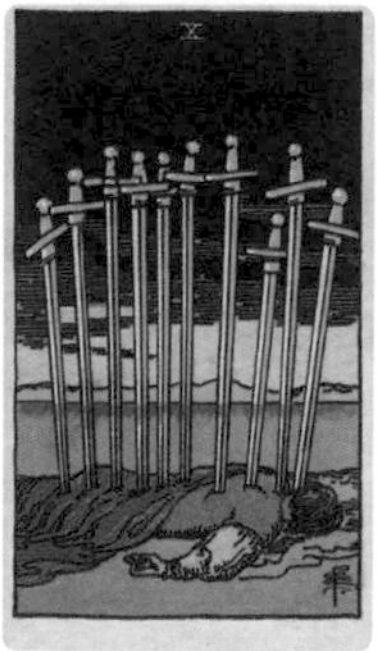

① 觸底
② 認輸
③ 窮途末路

寶劍九
SWORDS IX

① 畏懼失敗
② 過去的惡夢
③ 擔心過度

寶劍國王
KING of SWORDS

① 領袖特質
② 公平／正確言論
③ 決定力

寶劍王后
QUEEN of SWORDS

① 銳利的觀點
② 客觀思考
③ 克服悲傷

寶劍騎士
KNIGHT of SWORDS

① 意料之外的事
② 變化與混亂
③ 當機立斷

錢幣二
PENTACLES II

① 上軌道
② 交流／機會
③ 有節奏的動作

錢幣一
ACE of PENTACLES

① 實行計畫
② 設立事業
③ 開始投資

MINOR ARCANA

PENTACLES

錢幣三
PENTACLES III

① 獲得最初的成果
② 取得平衡
③ 鍛鍊技能

錢幣四
PENTACLES IV

① 守護／保守
② 累積儲存
③ 執著心

錢幣五
PENTACLES V

① 損失／欲望
② 失去自信
③ 缺乏

錢幣六
PENTACLES VI

① 捐贈／支援
② 共享
③ 公平行為

錢幣七
PENTACLES VII

① 片刻休息
② 未獲滿足
③ 不景氣

錢幣八
PENTACLES VIII

① 上進心／成就感
② 提升技能
③ 發揮才華

錢幣侍者
PAGE of PENTACLES

① 未經修飾的才華
② 令人高興的訂單
③ 仔細作業

錢幣十
PENTACLES X

① 繼承
② 家族羈絆
③ 情人的家族

錢幣九
PENTACLES IX

① 舒適的環境
② 經濟基礎
③ 自我認同

錢幣國王
KING of PENTACLES

① 穩健的力量
② 不動產
③ 游刃有餘的力量

錢幣王后
QUEEN of PENTACLES

① 儲蓄能力
② 豐盛／恩惠
③ 慈愛／包容力

錢幣騎士
KNIGHT of PENTACLES

① 循序漸進
② 長期努力
③ 文書工作

結語

雖然至今為止已經出版過好幾本塔羅牌書籍，但是在我的塔羅牌書籍當中，本書可說是最為「全面」且「實用」的。因為你只需針對抽出的塔羅牌，像是查閱辭典般閱讀相對應的涵義內容即可。

老實說，我以往一直都在避免以這種形式撰寫書籍，因為這麼做存在風險，可能會一不小心侷限住占卜所需的自由想像力。我由衷相信如前作《塔羅占卜超上手圖解攻略》那樣，以說故事般的形式拓展塔羅牌意象的作法，其實才是進步的捷徑。

然而，為了讓凱爾特十字法這麼正統的牌陣更加平易近人，還是需要這類具實用性的書籍，這也是事實。就這層意義上而言，本書與《塔羅占卜超上手圖解攻略》可說是相輔相成，誠心希望各位能夠將兩本書搭配使用。

此外，或許會有人覺得難以達到本書中介紹的，實作案例解讀的水準。這些案例內容呈現出了實際解牌時的狀況，並納入考量花色的元素平衡或當下的直覺等「活生生」的實例，但只是為了讓各位明白「也有如此自由無拘束的解讀方式」，請作為參考即可。

為了精進解讀方式，也推薦各位參考安東尼·路易斯的《塔羅牌義完全解讀手冊》(遠足文化)。

就請各位運用本書，盡情使用凱爾特十字法吧！

鏡龍司

鏡龍司 Ryuji Kagami

占星術研究家、翻譯家。1968年生於京都府；國際基督大學畢業，該大學比較文化研究所碩士課程學分修滿。英國占星術協會會員、日本超個人心理學會理事。平安女學院大學客座教授、京都文教大學客座教授。著作有《塔羅占卜超上手圖解攻略》（PCuSER電腦人文化）、《塔羅牌的祕密（暫譯）》（講談社）、《占卜為何準確（暫譯）》（說話社）、《第一次的塔羅牌（暫譯）》（ホーム社）、《鏡龍司的占星術教科書I、II、III（暫譯）》（原書房）、監譯作品有《榮格與占星術（暫譯）》（青土社）、《神諭塔羅牌（暫譯）》（原書房）、《塔羅牌寶典78張卡牌真正的意義（朝日新聞出版）等眾多作品；此外亦擔任《Eureka：塔羅牌的世界》的責任編輯。《塔羅解牌研究所》、《塔羅解牌研究所2：牌面解讀祕技》、《塔羅解牌研究所3：四週實戰課》。

凱爾特十字大辭典

出　　版／楓樹林出版事業有限公司
地　　址／新北市板橋區信義路163巷3號10樓
郵政劃撥／19907596 楓書坊文化出版社
網　　址／www.maplebook.com.tw
電　　話／02-2957-6096
傳　　真／02-2957-6435
作　　者／鏡龍司
翻　　譯／Shion
企畫編輯／陳依萱
校　　對／周季瑩
港澳經銷／泛華發行代理有限公司
定　　價／480元
出版日期／2024年1月

装丁　宮崎絵美子（製作所）
構成　山田奈緒子・菊地一江・浅島尚美・加藤裕香・渡邉知寿美・中垣香織（株式会社説話社）
協力　小笹加奈子・えいとえふ・吹上恵美子・宮崎彩子・船水詩子
插畫　阿部 結
卡牌提供　夢然堂

國家圖書館出版品預行編目資料

凱爾特十字大辭典 / 鏡龍司作；Shion 譯. -- 初版. -- 新北市：楓樹林出版事業有限公司, 2024.01　面；　公分

ISBN 978-626-7394-16-8（平裝）

1. 占卜

292.96　　112018766